dtv

Wenn ein Markenname zu einem Begriff geworden ist, der für ein ganzes Waren-Genre steht, wenn also der Begriff für eine Sache hinter einem Markennamen verschwindet, spricht der Fachmann von einem „Standard". Man bittet um ein „Tempo", wenn man ein Papiertaschentuch braucht, nimmt bei Kopfschmerzen „Aspirin", greift zur „Maggi"-Flasche, um die Suppe zu würzen oder meint ganz allgemein Klebestreifen, wenn vom „Tesafilm" die Rede ist. Genau hundert solcher Gebrauchsgegenstände hat Jörg Krichbaum zusammengetragen: vom Alleskleber bis zum Zwieback. Wer hat diese Produkte erfunden, entwickelt und auf den Markt gebracht – und wie sind sie zu allgegenwärtigen Ikonen der deutschen Wirtschaft geworden? Mit knappen spannenden Texten und ästhetisch-coolen Fotos führt der Herausgeber durch das Reich von „Steiff"-Bär, „Fischer"-Dübel und „Teefix"-Beutel; der Leser blättert mit Vergnügen, da er ständig eigenes Hab und Gut wiederfindet. Ganz nebenbei erfährt man in dieser kleinen warenkundlichen Kulturgeschichte eine Menge über die Mentalität der Deutschen. „Wer sich mit der Geschichte jener Produkte beschäftigen möchte, die das Leben der Deutschen so nachhaltig geprägt haben, der sollte unbedingt in dieses flott und unterhaltsam geschriebene Buch schauen." (Wirtschaftswoche)

Jörg Krichbaum, geboren 1945 in Dortmund, war nach dem Studium der Kunstgeschichte, Philosophie und Germanistik stellvertretender Chefredakteur der Zeitschriften 'Photo' und 'Zoom' sowie Chefredakteur und Autor der IBM-Buchreihe 'Enzyklopädie der Informationsverarbeitung'. Von 1985 bis 1987 war er PR- und Marketingberater für diverse Großunternehmen, darunter Ford, BASF und EXXON. Seit 1989 ist er Organisator internationaler Architektur-Foren. Von 1995 bis 1996 war er als Bereichsleiter für Kunst und Kultur für die EXPO 2000 in Hannover tätig; seit 1997 arbeitet er als Publizist in Köln.

Made in Germany

Tempo, Tesa, Teefix
und 97 andere deutsche Markenprodukte

Herausgegeben von Jörg Krichbaum
Mit 100 Fotos von Manfred Rave

Deutscher Taschenbuch Verlag

Die einzelenen Texte stammen von Günther Anschütz, Clemes Dreyer, Dieter Knaut, Jörg Krichbaum, Peter Prange, Dorothea Röckerath, Norbert Schürgers, Wiebke Schmalz, Dieter Toder, Daniel Wedekind und Stephan Zenke.

Redaktionelle Betreuung: Clemens Dreyer und Julian von Heyl

Vom Herausgeber überarbeitete Ausgabe
Juli 1997
Deutscher Taschenbuch Verlag GmbH & Co. KG, München

Unter dem Titel: Deutsche Standards
ISBN 3-930912-00-7
Umschlagkonzept: Balk & Brumshagen
Umschlaggestaltung unter Verwendung der Original-Logos (Tempo, tesa, Teefix),
(© mit freundlicher Genehmigung der Firmen Procter & Gamble,
Beiersdorf AG und teekanne)
Satz: con-dere, petra piskar
Druck und Bindung: C. H. Beck'sche Buchdruckerei, Nördlingen
Gedruckt auf säurefreiem, chlorfrei gebleichtem Papier
Printed in Germany · ISBN 3-423-36022-4

Inhalt

Ein paar Worte zum Geleit 10
Was ist eigentlich ein Standard? 12

Der Alleskleber – UHU 16

Das Backpulver – DR. OETKER BACKIN 18
Die Batterie – VARTA MIGNON 20
Das Besteck – WMF SPATEN 22
Das Bier – BECK'S 24
Der Bleistift – FABER-CASTELL 26
Der Bohrhammer – BOSCH PBH 160 R 28

Die Creme – NIVEA 30

Die Dampfmaschine – WILESCO 32
Der Druckknopf – PRYM 34
Der Dübel – FISCHER 36

Der Edelstahl Rostfrei – KRUPP 38
Das Einkochglas – WECK 40
Die Enzyklopädie – BROCKHAUS 42

Das Familienspiel –
MENSCH-ÄRGERE-DICH-NICHT 44
Der Flügel – BECHSTEIN 46
Die Fluggesellschaft – LUFTHANSA 48
Der Füllfederhalter – MONTBLANC-MEISTERSTÜCK 50

Das Gummibärchen – HARIBO 52

Die Haferflocken – KÖLLNFLOCKEN 54
Das Halsschmerzkonzentrat – MALLEBRIN 56
Die Haushaltsschere – ZWILLING TWIN 58
Die Haushaltswaage – SOEHNLE CULINA 60
Der Honig – LANGNESE 62

Inhalt

Das Hustenbonbon – EM-EUKAL	64
Der Hut – MAYSER	66
Die Isolierkanne – ALFI JUWEL	68
Der Joghurt – LANDLIEBE	70
Der Kaffee – JACOBS KRÖNUNG	72
Die Kaffee-Filtertüte – MELITTA 1x4	74
Der Keks – LEIBNIZ	76
Der Klarsichtklebefilm – TESAFILM	78
Die Klassik-CD – DEUTSCHE GRAMMOPHON	80
Der Klebestift – PRITT	82
Die Kleinstbildkamera – MINOX	84
Das Kölnisch Wasser – 4711	86
Der Kontaktkleber – PATTEX	88
Der Kopfhörer – SENNHEISER HD 580 PRECISION	90
Die Kopfschmerztablette – ASPIRIN	92
Das Korrekturfluid – TIPP-EX	94
Der Kraftstoff – ARAL	96
Die Künstlerfarbe – SCHMINCKE/MUSSINI	98
Der Lebkuchen – HAEBERLEIN-METZGER	100
Der Lodenmantel – LODENFREY	102
Das Magazin – STERN	104
Der Magenbitter – UNDERBERG	106
Das Marzipan – NIEDEREGGER	108
Der Melissengeist – KLOSTERFRAU	110
Die Meß-Sucherkamera – LEICA M6	112
Das Mineralwasser – APOLLINARIS	114
Das Motorrad – BMW R 1100 RT	116
Die Motorsäge – STIHL 044 C	118

Inhalt

Die Mozart-Kugel – REBER 120
Der Mückenschutz – AUTAN 122
Die Mundharmonika – HOHNER 124
Das Mundwasser – ODOL 126

Das Nähgarn – GÜTERMANN 128

Der Ordner – LEITZ 130

Das Papiertaschentuch – TEMPO 132
Das Pfefferminzbonbon – VIVIL 134
Das Pflaster – HANSAPLAST 136
Das Porzellan – MEISSEN 138

Der Quittungsblock – ZWECKFORM 140

Der Radiergummi – LÄUFER 142
Der Rasierapparat – BRAUN SIXTANT 144
Der Regenschirm – KNIRPS 146
Der Reiseführer – BAEDEKER 148

Der Schnellkochtopf – FISSLER VITAVIT ROYAL 150
Der Schnuller – NUK 152
Die Schokolade – RITTER SPORT 154
Die Schuhcreme – ERDAL-REX 156
Der Senf – LÖWENSENF 158
Das Sicherheitsschloß – ABUS 160
Die Sonnenmilch – DELIAL 162
Die Speisestärke – MONDAMIN 164
Die Spielzeugeisenbahn – MÄRKLIN 166
Der Sportschuh – ADIDAS 168
Der Sportwagen – PORSCHE 911 170
Die Sprühstärke – HOFFMANN'S 172
Das Spülmittel – PRIL 174
Der Stadtplan – FALK 176

Inhalt

Die Suppenwürze – MAGGI 178

Die Tageszeitung – DIE F.A.Z. 180
Das Taschenwörterbuch – LANGENSCHEIDT 182
Der Teddybär – STEIFF 184
Der Teebeutel – TEEFIX 186
Die Tinte – PELIKAN 4001 188
Der Tuschefüller – ROTRING RAPIDOGRAPH 190

Das Versandhaus – OTTO 192
Der Volkswagen – VW KÄFER 194

Das Wälzlager – FAG KUGELFISCHER 196
Die Waschmaschine – MIELE 198
Das Waschmittel – PERSIL 200
Der Weinbrand – ASBACH URALT 202
Der Weltatlas – DIERCKE 204
Das Wörterbuch – DUDEN 206

Die Zahnpasta – BLEND-A-MED 208
Der Zirkel – HAFF 210
Die Zündkerze – BOSCH 212
Der Zwieback – BRANDT 214

Namensregister 216
Fotonachweis 223

Die Reihenfolge der an dieser Stelle aufgeführten Produkte hat nicht die Bedeutung einer Rangfolge. Hinsichtlich der Fotografien gilt, daß sie nicht bestrebt sind, das jeweilige Produkt maßstabgetreu wiederzugeben, sondern lediglich versuchen, es optimal ins Bild zu setzen – und dabei allzu werbliche Attitüden zu vermeiden.

Ein paar Worte zum Geleit

Leitz-Ordner und *IBM*-Rechner bringen Ordnung in unsere Büros, Feste werden mit *Henkell* oder *Hennessy* gekrönt und ihre Folgen mit *Aspirin* behoben, *Filofax* hilft uns bei rationeller Zeitplanung, *Nivea* sorgt für Körperhygiene, mit *Lufthansa* fühlen wir uns sicher in der Luft und mit *Daimler-Benz* auf der Straße, *Knirps* schützt uns vor Regen ...; die Aufzählung unserer Alltagsbegleiter ließe sich beliebig fortsetzen. Die Konsumgüterwelt wird eindeutig von Markenprodukten dominiert.

Trotz des steigenden Angebots an No-name-Produkten setzen sich Markenartikel in der Gunst der Konsumenten immer wieder durch. Dies ist zum einen darauf zurückzuführen, daß sie über Jahre und gar Jahrzehnte hinweg in gleichbleibender bzw. ständig verbesserter Qualität angeboten werden und somit dauerhaft die Einhaltung bestimmter Nutzungseigenschaften gewährleisten. Dadurch wird das Kaufrisiko weitgehend eliminiert, denn – „da weiß man, was man hat". Eine anerkannte Marke fungiert zugleich als eine Art Norm bzw. Standard, an dem Substitutionsprodukte gemessen werden.

Zum anderen werden – mit tatkräftiger Unterstützung der Werbung – mit Markenprodukten bestimmte Werte- und Imagevorstellungen verbunden, deren kaufstimulierende Wirkung manchmal erstaunlich ist. Ein ausgeprägtes Produktimage stellt oft einen eigenständigen, immateriellen Nutzen für den Verbraucher dar. Darüber hinaus erlaubt uns die Tatsache, daß Produktimages auch auf die Produktnutzer übertragen werden, eine gezielte Selbstdarstellung nach außen.

Viele Markennamen haben heute einen höheren Bekanntheitsgrad als historische Denkmäler, bekannte Künstler oder Politiker. Die bekanntesten von ihnen werden losgelöst vom eigentlichen Produkt zur Bezeichnung einer Produktart benutzt und als solche in den allgemeinen Sprachgebrauch übernommen.

Ein paar Worte zum Geleit

Deutsche Markenprodukte genießen einen ausgezeichneten internationalen Ruf. „Made in Germany“, eine Bezeichnung, die in Großbritannien vor mehr als einem Jahrhundert als Schutz einheimischer Erzeugnisse zur Diskriminierung deutscher Konkurrenzprodukte eingeführt wurde, ist längst zum Inbegriff für Qualität, Präzision und Zuverlässigkeit geworden.

Das vorliegende Buch stellt eine Auswahl von Produkten und Objekten vor, die – über die Grenzen der Bundesrepublik Deutschland hinaus gut bekannt – das Phänomen „Made in Germany“ repräsentieren. Sie prägen den deutschen Alltag, wenn auch die Geschichte ihrer Entstehung und Namensgebung den meisten von uns unbekannt ist und ihre Funktionalität im täglichen Kontakt nicht mehr bewußt wahrgenommen wird.

„Made in Germany“ ist eine reizvolle Einladung, sich mit diesen Produkten einmal um ihrer selbst willen zu beschäftigen und einen tieferen Einblick in die deutsche Markenkultur zu gewinnen.

Detlev Rohwedder

Was ist eigentlich ein Standard?

Als vor mehr als einem Jahrzehnt der *VW-Käfer* durch ein technisch anspruchsvolleres Modell ersetzt werden sollte, war allen beteiligten Managern, Ingenieuren und Designern von vornherein klar: daß es ihnen gelingen mußte, wieder ein Auto zu konstruieren, welches von allen „Schichten" der Bevölkerung akzeptiert werden würde. Denn der *VW-Käfer* war im Laufe der Zeit eine Art Standard geworden. Mit diesem Wagen konnte jeder fahren, ohne damit irgendeinen Hinweis auf seine geschmacklichen, sozialen oder finanziellen Dispositionen zu geben.

Wenn ein Produkt, ein Markenartikel, eine Sache schlechthin zu einem Standard wird, muß zuvor etwas Entscheidendes geschehen sein: Eine Mehrheit muß sich ohne Absprache darauf geeinigt haben, daß diese Sache zweifelsfrei als Pars pro toto anzusehen ist, als Teil also, das für die Sache selber stehen kann. Ein solcher Prozeß kann bisweilen Jahrzehnte dauern. Und es ist außergewöhnlich schwer, ihn z.B. durch eine gezielte Marketingstrategie zu beschleunigen. Und nachgerade unmöglich dürfte es sein, ein Produkt oder ein Objekt von vornherein als Standard zu inszenieren.

Wer sich eines Standards bedient oder sich zu einem Standard bekennt, sagt damit nichts über seine Persönlichkeit, seine politische Meinung oder seine Weltanschauung aus. Den Kölner Dom als den deutschen Dom schlechthin zu empfinden, setzt nicht voraus, daß man Kölner ist oder der katholischen Glaubensgemeinschaft angehört. Eine Tube *UHU*, eine Dose *Nivea*, ein Fläschchen *Klosterfrau Melissengeist* zu kaufen, definiert den Käufer nicht als kenntnisreich oder bewußt wählenden Konsumenten, sondern bestenfalls als jemanden, der, wie man so schön sagt, absolut sichergehen will.

Standards (d.h. Produkte, Objekte und natürlich auch Firmen, die zu einem Begriff geworden sind) beeinflussen unser Leben in nahezu permanenter Weise, denn sie wirken wie eine Art Ur-Meter, an dem unbewußt für alles andere Maß genommen wird. Standards stellen also eine spezifische Qualität dar, die durch „bessere" Qualitäten in ihrer Bedeutung nicht beeinträchtigt werden kann.

So wird es mit Sicherheit noch schönere Füllfederhalter geben als das *Meisterstück* von Montblanc oder feinere Taschentücher als die von *Tempo,* nur, es handelt sich dann nicht um Standards, an ihnen wird nicht Maß genommen. Die jeweils schwerere, feinere, leichtere Sache verkörpert entweder ein Zuviel oder ein Zuwenig, je nach Blickwinkel, wie ein anderes Ur-Meter, das zwar aus purem Gold gefertigt, aber viel zu temperaturempfindlich und außerdem um einen ganzen Millimeter zu lang geraten ist.

Standards entstehen nicht in einem Augenblick. Ihre Geschichte ist lang und in jedem Falle abhängig davon, ob wir, die Betroffenen, sie akzeptieren. So entspricht beispielsweise die akzeptierte Standardgröße für eine Packung Kaffee genau einer Menge von 500 Gramm Kaffee. Bei Butter entspricht sie einer Menge von 250 Gramm, bei Wein einer Menge von 0,7 Litern. Obwohl die Hersteller des öfteren versuchten, andere Konfektionierungen anzubieten.

Beispiele wie diese machen deutlich, daß Standards auch etwas mit Gewohnheiten oder Bedürfnissen zu tun haben. In anderen Fällen spielen auch Erfahrungen und Erkenntnisse mit hinein, die Sicherheit versprechen. Aus diesem Grunde greift die Mehrzahl von uns bei Kopfschmerzen zu *Aspirin,* trinkt bei Magenverstimmung *Underberg* und verschenkt *4711* als Kölnisch Wasser unabhängig davon, ob der Mann der Beschenkten Hemden von *Van Laack* trägt, sich den Bart mit einem *Braun*-Rasierer schneidet oder seine Suppe mit *Maggi* würzt.

Standards „Made in Germany" haben eine besondere Tradition. Und wenn man einen Blick auf die in diesem Buch aufgeführten Produkte, Objekte und Dienstleistungen wirft, so meint man sogar zu erkennen, daß diese besondere Tradition vor allem eine gestalterische Dimension hat. Man könnte fast zu dem Urteil kommen, daß alles, was in Deutschland zu einem Standard wurde (oft gegen landläufige Meinung), neben dem inhaltlichen in erster Linie einen überraschend hohen ästhetischen Wert verkörpert, der in der Flasche von *Odol* ebenso deutlich sichtbar wird wie im *Leibniz*-Keks von Bahlsen, in der Mundharmonika von *Hohner* oder in der Isolierkanne von *alfi*.

Und noch etwas dürfte typisch sein für unsere Standards: daß man häufig nicht mehr den tatsächlichen Produktbegriff zu nennen weiß, sondern nur noch den Namen, d.h. den Markennamen, den das Produkt von seinem Erfinder oder Hersteller bekommen hat. Oder wüßte jemand auf Anhieb die korrekte Bezeichnung für das zu nennen, was *Tipp-Ex* oder *tesafilm* eigentlich ist?

Selbstverständlich gibt es sehr viel mehr deutsche Standards als die, die in diesem Buch versammelt wurden. Die begrenzte Auswahl mag als Wunsch akzeptiert werden, dieses Projekt nicht ausufern zu lassen, bzw. den Blick auf gerade jene Standards zu lenken, die uns besonders interessant und aufschlußreich erschienen – und über die es in der Mehrzahl der Fälle so gut wie keine Informationen gab ...

Dies war und ist die erste Intention des vorliegenden Buches: die hinter den Produkten stehende Geschichte offenzulegen und verfügbar zu machen, über die Personen zu berichten, die mit diesen Produkten in Verbindung standen, und von den Firmen zu sprechen, die diese Produkte produzieren. So gesehen entwerfen die folgenden Seiten das Marken-Bild eines Landes, das sich neben aller vielzitierten Technik-Besessenheit zugleich auch in der Lage sieht, sich mit HO-Eisenbahnen, Körpercremes und Gummibärchen zu beschäftigen. Wodurch für viele ganz zweifellos ein sympathischeres Image entstehen mag, als dies gemeinhin für möglich gehalten wird.

Jörg Krichbaum

Was ist eigentlich ein Standard?

Als wir vor neun Jahren mit dem Buch „Deutsche Standards" auf den Markt kamen, wußten wir nicht, daß dieses Buches eines Tages selber zum Standard werden würde – mit einer Auflage von über 140.000 Exemplaren. Und wir wußten auch nicht, daß es davon eine Taschenbuchausgabe geben würde. Und eine ganze Reihe von Folgebänden, die alle das Thema „Produkte, Projekte und Dienstleister in Deutschland" untersuchen würden ... Eines dieser Folgebücher, „Die ökologischen Innovationen", geht demnächst in die dritte Auflage; ein anderes, „Die Klassiker von morgen", erscheint zeitgleich mit diesem Buch in der vierten Auflage. Darüber hinaus werden drei weitere Projekte Anfang 1997 gestartet, so daß zum 10-jährigen Jubiläum dieses ersten Buches über Marken- und Leader-Produkte in Deutschland eine solide Reihe existieren wird, die sich sukzessive erweitern könnte – bis hin zu einer Art „Enzyklopädie der Warenkunde", die sich, fast ein wenig besorgt, darum bemühen würde, einen ernstzunehmenden Teil der auf dem deutschsprachigen Markt angebotenen Produkte aufzulisten und zu erklären.

Die Märkte der Welt verändern sich in rapidem Tempo. Verglichen mit dem hohen Tempo an Innovationen, dem unsere Großeltern ausgesetzt waren (die vom Telefon über Radio, Fernseher und Computer alles während ihres Lebens erstmalig erlebten), ist unser heutiges Innovationstempo jedoch vergleichsweise gering. Ebenso gering ist die Zahl neuer großer Marken und Produkte, von denen man schon beim Erscheinen sagen könnte, daß sie das Zeug dazu haben, sich mit den in diesem Buch versammelten Produkten zu messen. „Einen Wegweiser durch das unstete Labyrinth" der Warenwelt hat ein Kritiker das vorliegende Buch genannt – und damit exakt jene Vorstellung beschrieben, die uns bewegt, die Hardcover-Version dieses Buch jedes Jahr, überarbeitet und erweitert, neu auf den Markt zu bringen.

Jörg Krichbaum
Nachsatz zur 8. Auflage

Der Alleskleber – UHU

„Im Falle eines Falles ..." Jedes Kind in Deutschland weiß, wie dieser Vers endet. Doch klebt *UHU* wirklich alles? Der geniale Konstrukteur Graf Zeppelin jedenfalls war davon überzeugt: Beim Bau seines größten Luftschiffs, der „Hindenburg", benutzte er den damals noch jungen Klebstoff. *UHU* sollte sein Vertrauen in den Lüften belohnen.

In der Postgasse des mittelbadischen Städtchens Bühl war es für die fünfköpfige Belegschaft der Chemischen Fabrik Ludwig Hoerth ein Arbeitstag wie jeder andere im Jahr 1932. Mit einem Häuflein treuer Mitarbeiter versuchte Hugo Fischer trotz der Weltwirtschaftskrise, die Produktion in seiner kleinen Büroartikelfabrik aufrechtzuerhalten. Dem Senior August Fischer aber gelang in der Stille seines Labors an diesem Tag eine Erfindung, die bald ihren Siegeszug um die ganze Welt antreten sollte.

Nach vielen Versuchen glückte August Fischer die Entwicklung eines glasklaren Klebstoffs auf Kunstharzbasis, der praktisch alles schnell und dauerhaft verbinden konnte: Papier, Pappe, Holz, Stoff, Leder, Porzellan und Keramik. Und die Klebstelle hielt nicht nur, sie blieb elastisch, wasserfest, säurefrei und beständig gegen verdünnte Säuren, Laugen, Benzin und Öl. Kurzum: August Fischer hatte einen echten Alleskleber erfunden.

Im selben Jahr kam dieser Klebstoff bereits in der charakteristischen gelben Tube mit dem schwarzen Schriftzug auf den Markt. Dem Brauch der Branche folgend, wählte der geschäftstüchtige Hugo Fischer als Wappentier einen damals im nördlichen Schwarzwald noch anzutreffenden Raubvogel: den Uhu.

In dem kleinen Familienbetrieb wurde der Rohstoff mittels Stahlkugeln im Behälter etwa drei Tage lang mehrmals umgestülpt. Mit der ersten Abfüllmaschine, einem gasflaschenähnlichen 15-Liter-Luftdruckgerät, wurden per Hand täglich die ersten 2 bis 3000 Bleituben nach Augenmaß mit 10,5 g *UHU* gefüllt. Die Rezeptur war nur den beiden Chefs und dem Produktionsleiter bekannt.

In Kürze wurde *UHU* zum Gattungsbegriff für Haushaltskleber – nicht zuletzt dank einer gelungenen Werbemaßnahme, die bis heute Tradition hat: Kindergärten bekamen den Ausschuß der Pro-

duktion gratis, so daß in der Kindersprache Klebstoff bald durch *UHU* ersetzt wurde. Auch heute haftet kein anderer Klebstoff so nachhaltig im Bewußtsein der deutschen Verbraucher wie *UHU*. Dazu haben auch die weiteren Artikel beigetragen, die sich im Laufe der Jahre zu dem klassischen Alleskleber hinzugesellten, vom Zwei-Komponenten-Kleber *UHU plus* über den Papierklebestift *UHU stic* bis hin zum *UHU sekundenkleber*. Sie alle sorgen dafür, daß es auch nach weiteren 50 Jahren heißen wird: „Im Falle eines Falles ...“

Das Backpulver – DR. OETKER BACKIN

Wollte eine Hausfrau im letzten Jahrhundert sichergehen, daß ihr Kuchen gelang, so mußte sie sich in eine Apotheke bemühen. Nur dort konnte sie Hirschhornsalz kaufen, das den Teig auftrieb und locker machte.

Ein Apotheker besonderer Art war August Oetker, der 1891 die Aschoffsche Apotheke im Herzen von Bielefeld erwarb. Aus seinem Vaterhaus war er von Kind an mit der Bäckerei vertraut. Daher wußte er, wieviel Mühe und Zeit die Hausfrau für die Hausbäckerei aufwenden mußte. Hier Abhilfe zu schaffen durch ein Triebmittel, das den Hausfrauen nicht nur das Backen erleichtern, sondern auch das Gelingen der Gebäcke gewährleisten sollte, war bald das Ziel, das er unermüdlich verfolgte.

Ein Backpulver zum Lockern von Teigen hatte 60 Jahre zuvor schon Justus von Liebig erfunden, doch wies seine Mischung zwei entscheidende Nachteile auf: Zum einen war sie relativ teuer, zum anderen vertrug sie wegen ihrer raschen Verderblichkeit keine längere Lagerung.

Um vor neugierigen Blicken sicher zu sein, zog sich August Oetker in eine winzige Kammer hinter seiner Apotheke zurück. In dieser „Geheimbutze", wie er sie nannte, stellte er täglich Experimente mit verschiedenen Mischungen an, um ein Triebmittel zu finden, das den drei Grunderfordernissen – Teiglockerung, Haltbarkeit und Geschmacksfreiheit – in befriedigender Weise entsprach. Alles in allem dauerte es zwei Jahre, bis es ihm gelang, ein wirklich einwandfreies Backpulver zu entwickeln, das bei einfachster Anwendung sicheren Erfolg verbürgte. Endlich aber stand fest, daß eine Mischung „ohne Fehlzündung", wie er sich ausdrückte, gefunden war. Diese Mischung taufte er *Backin*.

Bei seinen Experimenten war August Oetker aber noch ein weiterer Gedanke gekommen: Er begann, *Backin* in kleinen Mengen abzufüllen, so daß es für einen gebräuchlichen Kuchen mit etwa 500 g Mehl fertig bemessen war. Sein Ziel war es, sein Backpulver im eigenen Betrieb herzustellen und zum Festpreis von zehn Pfennigen im ganzen Land zu verkaufen. Mit dieser Idee war die deutsche Backpulverindustrie geboren.

Bis in unsere Tage kommt *Backin* in der von August Oetker 1892 entdeckten Rezeptur in den Handel. Bereits um die Jahrhundertwende tauchte auch der heute wohlvertraute Hellkopf auf dem Tütchen auf, durch den die Hausfrau in das Markenzeichen einbezogen wurde, und das bald als Qualitätszeichen auf allen Produkten des Hauses erschien. In den 50er Jahren dann wurde er mit dem Markennamen Dr. Oetker zu einem einheitlichen Emblem verschmolzen. Ab 1986 ziert nun wieder der ursprüngliche Schriftzug *Original Backin* die Verpackung.

Die Batterie – VARTA MIGNON

Am 21. Juli 1969 betrat Neil Armstrong als erster Mensch den Mond. Der kleine Schritt des Astronauten konnte nur gelingen, weil technische Spitzenprodukte perfekt miteinander arbeiteten. Dazu gehörte auch, daß eine kleine Batterie von *VARTA* die Fotokamera des Amerikaners zuverlässig mit Energie speiste.

Die Geschichte der Firma *VARTA* beginnt eigentlich schon 100 Jahre vor ihrem Gründungsdatum, genauer: im Jahre 1789. Damals machte Luigi Galvani seine berühmten elektrischen Experimente mit Fröschen. Nur zehn Jahre später konstruierte der Physiker Alessandro Volta mit seiner „Voltaschen Säule" die erste brauchbare Quelle der neuen Energie. Doch da diese Urform der Batterie sich nur einmal entladen ließ, blieben ihre Anwendungsmöglichkeiten sehr begrenzt. 1805 schließlich gelang es Johann Wilhelm Ritter, das Manko zu beheben. Dies war die Geburtsstunde des Akkumulators, des wiederaufladbaren Energiespeichers.

Elektrizität als Licht- und Antriebsquelle konnte in großen Mengen erst produziert werden, nachdem Werner von Siemens 1866 den elektromagnetischen Generator entwickelt hatte. Rund zwanzig Jahre später gründete Adolph Müller in Hagen eine Firma, die Akkumulatoren herstellte, aus denen Strom ohne Spannungsschwankungen gewonnen werden konnte. Diese auf einer Erfindung des Belgiers Henri Tumor aufbauenden Anlagen setzten sich bald gegen alle anderen durch. Schon 1890 entstand so aus der kleinen, seit 1888 in einer alten Hammerschmiede untergebrachten Produktionsstätte die „Akkumulatorenfabrik-Actiengesellschaft", kurz AFA genannt, in deren Aufsichtsrat Industriemagnaten wie Siemens, Fürstenberg und Rathenau saßen.

Zu Beginn des 20. Jahrhunderts gründete die AFA neben vielen Niederlassungen im Ausland eine Tochtergesellschaft in Deutschland, deren Name zum Inbegriff für qualitativ hochwertige Batterien werden sollte: „Die Vertrieb, Aufladung, Reparatur transportabler Akkumulatoren GmbH" – abgekürzt „VARTA". In den 20er Jahren erkannte die Unternehmensleitung die Zeichen der Zeit und erschloß durch den Aufkauf anderer Elektrofabriken neue Märkte. Schon bald war sie in der Lage, sämtliche Anwen-

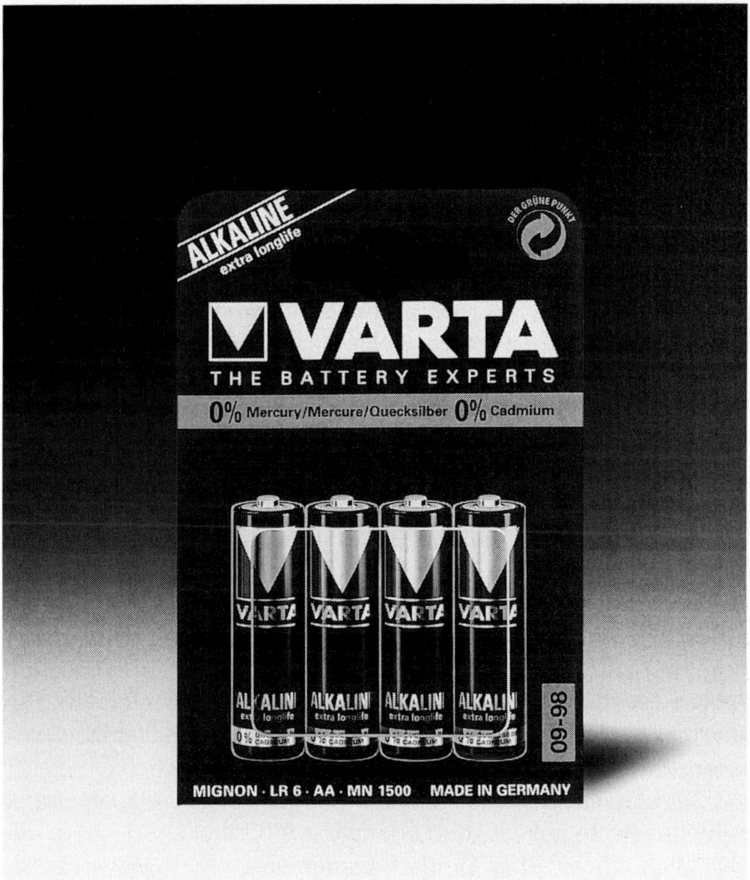

dungsgebiete der Batterietechnik mit ihren Produkten abzudecken.

Heute ist die *VARTA* einer der führenden Batteriehersteller der Welt. Der Verkaufsschlager der Sparte Gerätebatterien ist seit Jahren die kleine Mignon-Batterie. Sie ist ebenso handlich und leicht wie leistungsstark und darum vielfältig einsetzbar. Mignon-Rundzellen finden sich etwa in Fotoblitzgeräten oder Filmkameras. Wann die Amerikaner wieder auf dem Mond landen werden, ist ungewiß. Sicher ist aber, daß *VARTA* schon jetzt die Batterien bereitstellen kann, die ein solches Unternehmen erfordert.

Die Gabel findet erstmals im 11. Jahrhundert Erwähnung. Petrus Damianus berichtet, eine byzantinische Prinzessin habe dieses neuartige Tischgerät nach Venedig gebracht. Doch verdammt der Kirchenlehrer das gezackte Instrument noch als Ausdruck sündhafter Verweichlichung. In unserer Zeit hingegen ist das Tafelbesteck der Stolz einer jeden Hausfrau.

Für den Glanz auf deutschen Tafeln bürgen heute drei Buchstaben: WMF. Im Jahre 1853 gründete in dem württembergischen Städtchen Geislingen an der Steige der Bürger Daniel Straub mit den Gebrüdern Schweizer eine Metallwarenfabrik. Das zunächst unter dem Namen „Straub & Schweizer" firmierende Unternehmen stellte aus Plaquématerial „versilberte Gerätschaften" her. Doch das hauseigene Plattierverfahren zeigte erhebliche Nachteile, da die Versilberung des Materials nur vor der Formgebung erfolgen konnte. Eine wesentliche Verbesserung bedeutete das von „A. Ritter & Co., Esslingen" angewandte galvanische Versilberungsverfahren. 1880 schloß sich darum der Geislinger Betrieb mit der Esslinger Firma zur „Württembergischen Metallwarenfabrik" zusammen. Bereits um die Jahrhundertwende galt das junge Unternehmen mit seinen versilberten und vernickelten Tafel- und Ziergeräten, Bestecken, Kupfer- und Messingwaren als das „größte Etablissement seiner Art", dessen Katalog in 12 Sprachen herauskam.

Der Klassiker unter den WMF-Stilbestecken ist die *Spatenform*. Seine bis heute gültige Form erlangte das Besteck um 1750 in der Werkstatt eines Pariser Goldschmiedemeisters. Von der französischen Hauptstadt aus verbreitete es sich sodann in ganz Europa und eroberte zunächst die begüterten Kreise. Mit dem zunehmenden Wohlstand breiterer Bevölkerungsschichten im späten 19. Jahrhundert erlebte die *Spatenform* ihren endgültigen Durchbruch. Seitdem hat die Beliebtheit dieses klassischen Bestecks ohne Unterbrechung angehalten.

Das WMF-Stilbesteck *Spatenform* besticht in einem verhaltenen Spiel klarer Grundformen vor allem durch seine unaufdringliche Eleganz. WMF bietet dieses Besteck heute wahlweise in Cromargan und in 90 g perfect-hartversilbert an. Eine besonders exklu-

sive Ausgestaltung der *Spatenform* ist das gerändelte, hartvergoldete Modell *Augsburger Fadenmuster,* ein Besteck von höchster Noblesse und Ausstrahlung für die Festtafel.

De gustibus non est disputandum – über Geschmack läßt sich nicht streiten. Aus diesem Grund führt WMF auch ein breites Sortiment moderner Formen und Dekore, entworfen von namhaften Designern. Gemeinsam bilden sie eine der erlesensten Kollektionen im breitgefächerten Programm des nach nunmehr 140 Jahren größten Besteckherstellers in Europa.

„Wir wollen, daß fortan in unsern Städten, Märkten und auf dem Lande zu keinem Bier anderes als allein Gerste, Hopfen und Wasser genommen und gebraucht soll werden." So lautet das legendäre Reinheitsgebot von Herzog Wilhelm IV. aus dem Jahre 1516. Seiner strikten Einhaltung über nahezu fünf Jahrhunderte ist es zu verdanken, daß deutsches Bier weltweit als Inbegriff von Klasse und herausragendem Geschmack gilt. Ein Bier aber hat zu diesem ausgezeichneten Ruf besonders beigetragen: *BECK's* aus Bremen.

Seit Jahren dominiert *BECK's* den Export der deutschen Brauwirtschaft. Mit Recht trägt die einzige deutsche Biermarke mit Weltgeltung, die dem sehr engen Kreis international renommierter Marken angehört, den stolzen Titel „*BECK's* – Spitzen-Pilsener von Welt". Kein Zufall, daß die typische grüne *BECK's*-Flasche für Bierkenner rund um den Globus das Symbol für Spitzen-Pilsener „made in Germany" ist. Bereits Mitte der zwanziger Jahre wurden von Bremen aus mehr als 250.000 Hektoliter in alle Welt verkauft. Kaum ein Luxusliner auf den Weltmeeren, kaum ein Grandhotel in Südostasien, das nicht *BECK's* im Angebot führte.

Die freie Hansestadt Bremen blickt auf eine fast tausendjährige Brautradition zurück. Schon für das 13. Jahrhundert ist belegt, daß man von hier aus Bier nach Holland, Flandern, England und Skandinavien lieferte. 200 Jahre später gründete man hier die „Bremer Brauer-Societät", die erste Brauzunft im deutschen Raum. Bis ins Jahr 1553 reichen auch die Wurzeln der Brauerei Beck & Co zurück. Das Unternehmen darf sich rühmen, heute als einziger Betrieb die 700jährige Bremer Brautradition zu repräsentieren, wovon eindrucksvoll der Stadtschlüssel im roten Emblem des Hauses zeugt.

Die Bierlandschaft Deutschlands ist einzigartig mit seinen über 5.000 Marken und mehr als 1.200 Brauereien. Was zeichnet *BECK's* nun aus, wenn doch alle Biersorten per Gesetz aus denselben Ingredienzen bestehen? Höchste Bedeutung hat die Auswahl der Rohstoffe. Hierfür hat die Brauerei eine Methode entwickelt, die gute Gerste von sehr guter unterscheidet. Der Hopfen wächst vorwiegend in der bayerischen Hallertau, dem berühmtesten Hopfenanbaugebiet der Welt. Die Hefe stammt seit 1896 aus eige-

ner Reinzucht. Bleibt das besonders weiche Brauwasser, das Beck & Co aus 300 Meter tiefen Brunnen gewinnt. Dabei handelt es sich um Schmelzwasser, das die Gletscher der letzten Eiszeit vor rund 20.000 Jahren zurückließen.

Als ein Pilsener höchster Qualität wurde *BECK's* bereits im vergangenen Jahrhundert vielfach prämiert. So wurde auf der Weltausstellung in Philadelphia von 1876 *BECK's* als bestes aller kontinentalen Biere mit dem ersten Preis bedacht.

Nach wie vor ist der scheinbar „ewig junge" Bleistift das wirtschaftlichste Schreibgerät der Welt. Seine Wiege stand allem Anschein nach in Nürnberg. Dort findet sich im 17. Jahrhundert erstmals die Berufsbezeichnung „Bleystefftmacher" urkundlich belegt. Die entscheidenden Impulse aber empfing die Bleistiftherstellung durch den Freiherrn und Reichsrat Lothar von Faber, der 1839 in Stein bei Nürnberg die Bleistiftfirma A.W. Faber in vierter Generation übernahm. Mit ihm begann die Geschichte und die weltweite Verbreitung des deutschen Qualitätsbleistifts, wie man ihn heute in unverbesserlicher Formgestaltung kennt: als grünen *Castell 9000* – das Flaggschiff im *FABER-CASTELL*-Bleistiftsortiment.

Die Qualität eines Bleistifts – seine Schreibhärte und Bruchfestigkeit, Gleitfähigkeit und Deckkraft – hängt entscheidend von der stofflichen Zusammensetzung seiner Mine ab. Dabei hat der „Bleistift" mit Blei nie etwas zu tun gehabt. Graphit ist vielmehr der Stoff, der für den dunklen Abstrich sorgt, während Ton als Bindemittel der Mine Form und Festigkeit verleiht.

Um einen qualitativ hochwertigen Bleistift zu schaffen, griff Lothar von Faber auf Versuche des Franzosen Conté zurück, gemahlenen Graphit und Ton zu mischen und aus dieser Masse geformte Minen zu brennen. Durch dieses Verfahren war es erstmals möglich, Bleistifte in verschiedenen Härtegraden herzustellen, die den unterschiedlichsten Anforderungen beim Schreiben und Zeichnen genügten.

Um den Absatz seines Produktes sicherzustellen, legte Faber schon damals Maßstäbe fest, die nach und nach von allen Bleistiftherstellern der Welt übernommen wurden. Die sechseckige Form des Stifts gilt als seine Idee, ebenso die Schaffung der heute noch gültigen Härteskala.

1898 heiratete Lothar von Fabers Enkelin Ottilie den Grafen Alexander zu Castell-Rüdenhausen. Durch diese Vermählung entstand der neue Name des inzwischen weltumspannenden Unternehmens: Faber-Castell. Dank neuer Produktionsverfahren gelang es den Nachfolgern Lothar von Fabers, die Qualität der Stifte nochmals deutlich zu verbessern. Versehen mit einem Gütestempel und

neuem Corporate Design, zeichnen sie sich durch unübertroffene Bruchfestigkeit bei höchster Minenqualität aus. Als erstes Unternehmen auf dem Weltmarkt wendet Faber-Castell darüber hinaus seit 1992 für den Farbmantel einen neuartigen, umweltfreundlichen Wasserlack an. Darum gilt auch für alle Stifte, die Faber-Castell heute in einer Stückzahl von über 1 Milliarde pro Jahr produziert, was der Maler Max Liebermann bereits um die Jahrhundertwende feststellte: „Die besten Bleistifte macht in Deutschland immer noch Faber(-Castell)."

Der Bohrhammer – BOSCH PBH 160 R

Der Hammer ist eines der ältesten Werkzeuge dieser Welt. Mit zunehmender Industrialisierung aber sah der Mensch sich vor immer größere und schwerere Aufgaben der Materialbearbeitung gestellt, die er mit seiner Muskelkraft allein nicht mehr bewältigen konnte. Als Robert Bosch 1931 mit der Entwicklung eines Elektrohammers begann, gab es fast unüberwindbare Schwierigkeiten. Das Hauptproblem lag darin, die noch relativ junge Elektrotechnik betriebstechnisch so stabil und sicher zu machen, daß ein Einsatz des Geräts auch über einen längeren Zeitraum bei den extrem hohen Belastungen gewährleistet war. Doch bereits 1932 konnte Bosch den ersten elektrisch betriebenen Hammer der Welt präsentieren, den Installationshammer *UH 1*, und mit berechtigtem Stolz verkünden: „Bosch motorisiert die Hand." Dieser erste elektrische Bohrhammer von Bosch war mit einem Drallschlag-Hammerwerk ausgerüstet: Während er bohrte, arbeitete er sich mit kurzen starken Schlägen in die Wand. Ein Funktionsprinzip, welches bis heute Gültigkeit hat.

Bereits bei dieser frühen Entwicklung hatte Bosch zum Ziel, dem Handwerk eine Maschine bereitzustellen, die ein müheloseres, schnelleres und wirtschaftlicheres Arbeiten im Baunebengewerbe ermöglichte. Das zu bearbeitende Material wurde aber in den letzten Jahrzehnten immer härter, zugleich die Anforderungen an Gewichtsreduzierung und stärkere Leistung immer größer. Noch vor einigen Jahren hätten Experten einen Bohrhammer mit 2 kg Gewicht nicht für möglich gehalten. Weniger Gewicht bedeutet bei Bosch jedoch nicht weniger, sondern weiterentwickelte Technik. Der nur 2,0 kg schwere *PBH 160 R* ist mit allem ausgestattet, was einen leistungsfähigen Betonknacker ausmacht.

Herzstück des kompakten Bohrhammers ist ein Hammerschlagwerk, dessen Kraft mit der Bosch Steuer-Electronic und einer Sicherheitskupplung effizient und betriebssicher umgesetzt wird. Die ergonomische Gestaltung seines Gehäuses folgt der menschlichen Hand als Maßstab, ein ermüdungsfreies Bohren, Hämmern, Meißeln oder Schrauben ist somit gewährleistet.

Mit dem *PBH 160 R* bietet Bosch ein handliches Universalge-

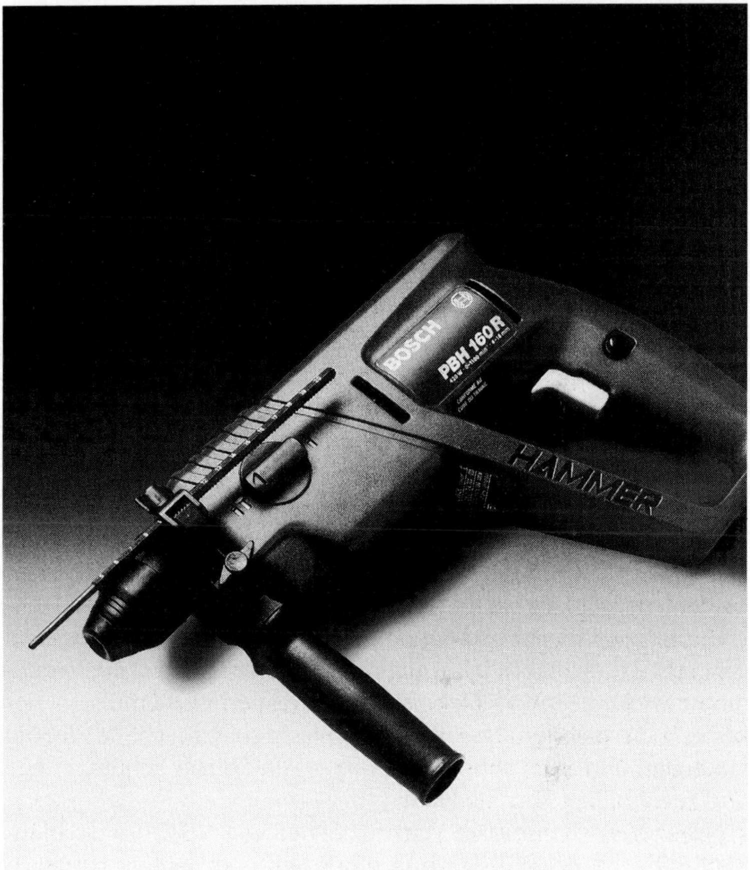

rät, welches mit umfangreichem Zubehör und dem SDS-plus-System zum werkzeuglosen Bohrerwechsel eine Vielzahl von Aufgaben souverän erledigt. Mittlerweile hat Bosch mehr als 5 Millionen Geräte der 2-Kilo-Klasse verkauft – und nebenbei bewiesen, daß umweltfreundliche und moderne Herstellungstechnologien sogar das Portemonnaie des Verbrauchers entlasten können: Der *PBH 160 R* unterbietet deutlich den Preis des Vorgängermodells.

Die Creme – NIVEA

Weiß wie Schnee – so wird im Märchen Schneewittchens Haut gepriesen. Weiß wie Schnee ist auch die Creme, die seit über 80 Jahren die Deutschen zur Pflege ihrer Haut bevorzugen. „Die Schneeweiße“, so lautet denn auch ihre wohlklingende Bezeichnung. Dem Verbraucher ist diese Creme allerdings besser unter ihrem lateinischen Namen bekannt: *NIVEA*.

Im Jahre 1911 versuchte Dr. Oskar Troplowitz, Apotheker und Besitzer der pharmazeutischen Laboratorien Beiersdorf in Hamburg, Wasser und zarte Öle zu einer stabilen Creme zu verrühren. Da sich Fett und Wasser aber nicht verbinden, mischte er noch einen besonderen hautverwandten Stoff hinzu. Dieser neuentwickelte Emulgator namens Eucerit ließ jene zarte schneeweiße Creme entstehen, die Troplowitz auf den Namen *NIVEA* taufte.

Als *NIVEA* 1912 auf den Markt kam, war sie die erste Fett- und Feuchtigkeitscreme der Welt. Außer den genannten Ingredienzen enthielt sie noch Glyzerin, ein wenig Zitronensäure und zur feinen Parfumierung Rosen- und Maiglöckchenöl. Obwohl die Creme seither ständig verfeinert und auf den letzten wissenschaftlichen Stand gebracht wurde, hat sich am eigentlichen Grundprinzip der Rezeptur nur wenig geändert. Denn als reine Wasser-in-Öl-Emulsion, der keinerlei Konservierungsstoffe beigemischt sind, macht *NIVEA* die Haut glatt und zart, ohne sie zu reizen, und bietet Schutz, Pflege und Feuchtigkeit für jede Haut.

Das unverwechselbare Markenzeichen von *NIVEA* ist die blauweiße Blechdose, die sich nun schon seit über fünfzig Jahren in derselben Gestalt präsentiert. Die charakteristischen weißen Blockbuchstaben auf blauem Grund signalisieren dem Verbraucher nach wie vor die wichtigsten Eigenschaften dieser Hautcreme: Natürlichkeit und Frische.

Dank dieser Kontinuität ist es Beiersdorf gelungen, nicht nur die Creme zur weltweit führenden Marke auszubauen, sondern daneben ein breites Sortiment von *NIVEA*-Produkten anzusiedeln. Die große Markenfamilie umfaßt heute Produkte für die Reinigung und Pflege des ganzen Körpers. Von der Körpermilch über Badeschaum bis zum Haarshampoo hat *NIVEA* über 110 verschiedene Artikel

im Sortiment – problemlose Körperpflegemittel zu vernünftigen Preisen, die besondere Milde und Pflege bieten. Zu den erfolgreichsten Produkten zählen hierbei heute Gesichtspflegemittel unter der Bezeichnung *NIVEA Visage,* deren Rezeptur die besten Rohstoffen und Wirksubstanzen zugrundegelegt werden.

Nach der gängigen Lebenszyklus-Theorie für Markenartikel müßte die 1911 geborene *NIVEA* längst entschlafen sein. In Wirklichkeit aber ist *NIVEA* heute vitaler denn je: eine Marke ohne jedes Fältchen.

Die Dampfmaschine – WILESCO

Jedem, der in frühen Jahren damit gespielt hat, ist die Dampfmaschine in bleibender Erinnerung. Sie ist ein Sinneserlebnis par excellence: Rauchen und Fauchen, Klingeln, Dampfen und Pfeifen. Und obendrein schön anzusehen. Doch auch Fantasie und technischer Entdeckungstrieb werden angeregt, ist das Spielzeug doch ein getreues Abbild jener Erfindung, die die Industrialisierung ausgelöst und so die Welt verändert und beschleunigt hat. Der Engländer James Watt hatte Ende des 18. Jahrhunderts die erste Dampfmaschine gebaut. Watts Maschine steht symbolhaft für technischen Fortschritt. Industrie und Verkehr wurden binnen weniger Jahrzehnte völlig umgekrempelt.

Der Klassiker der Modell-Dampfmaschinen heißt *WILESCO.* Das Lüdenscheider Traditionsunternehmen – der Name bezieht sich auf die Wilhelm Schröder GmbH & Co. Metallwarenfabrik – widmet sich seit 1950 der Herstellung von Dampfmaschinen. Da durch den langjährigen Vertrieb von Puppengeschirr und -besteck bereits ein fester Kundenkreis vorhanden war, wurden die Dampfmaschinen bald zum Verkaufsschlager. Hohe Fertigungsqualität und schöne Modelle erschlossen den noch jungen Markt des Hobby- und Modellbaubereichs. Heute bestreitet Wilesco etwa die Hälfte des Umsatzes durch seine Dampfmaschinen und ist zugleich der weltgrößte Produzent.

Wilescos Modelle sind Spielzeug und Anschauungsmaterial zugleich. Sie zeigen die Uranfänge der maschinellen Kraftumsetzung: Wärme wird in mechanische Energie umgewandelt und zum Antrieb nutzbar gemacht. Wasser und Feuer erzeugen Dampf, der im Zylinder einen Kolben in Bewegung setzt.

Buchstäblich ein Dauerbrenner ist die *WILESCO D 20.* Der hochglanzpolierte Messingkessel sitzt in einem altkupferfarbigen Kesselhaus mit Ziegelsteinmuster, das von je zwei Leitern und Laufstegen umkränzt ist. Dem Zylinder und dem Schwungrad sind Dampfpfeife, Manometer und ein Dampfabsperrventil zur Seite gestellt. Ein Kamin erhebt sich in über 30 Zentimetern Höhe.

Wesentlichen Beitrag zu Wilescos Erfolg leistet die Unternehmenspolitik unter dem Motto „Qualität und Sicherheit". Alle

Modelle erfüllen die einschlägigen DIN-Vorschriften. Diese strengen Sicherheitsnormen garantieren unter anderem Korrosionsschutz und Begrenzung des Betriebsdrucks der Dampfkessel auf 1,5 bar bei mindestens dreifachem Berstdruck.

Wer nach 20 Jahren durch Zufall oder dank der eigenen Kinder die Dampfmaschine einmal wiedersieht, dem wird sogleich wieder alles gegenwärtig: das glatte Messing, das ratternde Schwungrad, das helle Pfeifen, der Geruch des Rauches. Ein Stück Kindheit, das zu Recht auf einem edel lackierten Sockel steht.

Der Druckknopf – PRYM

Als Kind, so berichtet der berühmte Chirurg Ferdinand Sauerbruch in seinen Memoiren, habe es ihn stets geschmerzt, mit anzusehen, wie in der großväterlichen Schuhmacherwerkstatt seine Mutter den Kunden umständlich und mühsam die Hakenschuhe und Schnürstiefel verschließen mußte. Um Abhilfe zu schaffen, bastelte der Zwölfjährige aus Metallplättchen einen völlig neuartigen Verschluß: einen Druck-Knopf. Doch groß war die Enttäuschung des jungen Tüftlers, als er erfahren mußte, daß es diesen praktischen Verschluß bereits gab.

Wie viele kleine und nützliche Dinge des Alltags ist der Druckknopf eine Erfindung, die jedermann einleuchtet – nur darauf kommen mußte erst einmal jemand. „Der Federknopf-Verschluß ist dazu bestimmt, das Öffnen und Schließen der Herrenhosen beim Latz zu vereinfachen", steht in der Patentschrift No. 32496 des Kaiserlichen Patentamts vom 5. März 1885 zu lesen. Die Spuren des Erfinders Heribert Bauer haben sich verloren, seine Erfindung blieb. Die Geschichte des Druckknopfs ist darum ein anschauliches Beispiel dafür, daß eine Idee allein nicht ausreicht, um einen neuen Standard zu setzen; nicht weniger wichtig als die Idee ist ihre richtige Vermarktung.

Mit der Geschichte des Druckknopfs aufs engste verflochten ist der Aufstieg der Stolberger Messingfabrik Prym vom mittelständischen Betrieb am Anfang dieses Jahrhunderts zum heute marktführenden Weltunternehmen mit 3.500 Mitarbeitern. Hiervon zeugt bereits der Name des Knopfs mit dem typischen Klick: *Prym's Zukunft.*

Entscheidenden Anteil an der erfolgreichen Produktvermarktung besitzt die werbewirksame Verpackung. Beinahe ebenso berühmt wie der Druckknopf selbst ist die Druckknopfkarte, auf der *Prym's Zukunft* seit den Anfängen im Handel angeboten wird. Die Motive dieser Pappkarten erstrecken sich von Märchenszenen bis hin zu Darstellungen von Kriegsschauplätzen. Als Dokumentation des bürgerlichen Geschmacks eines ganzen Jahrhunderts besitzen diese Karten heute hohen Sammlerwert.

Verschloß der Druckknopf zunächst ebenso sicher wie unauf-

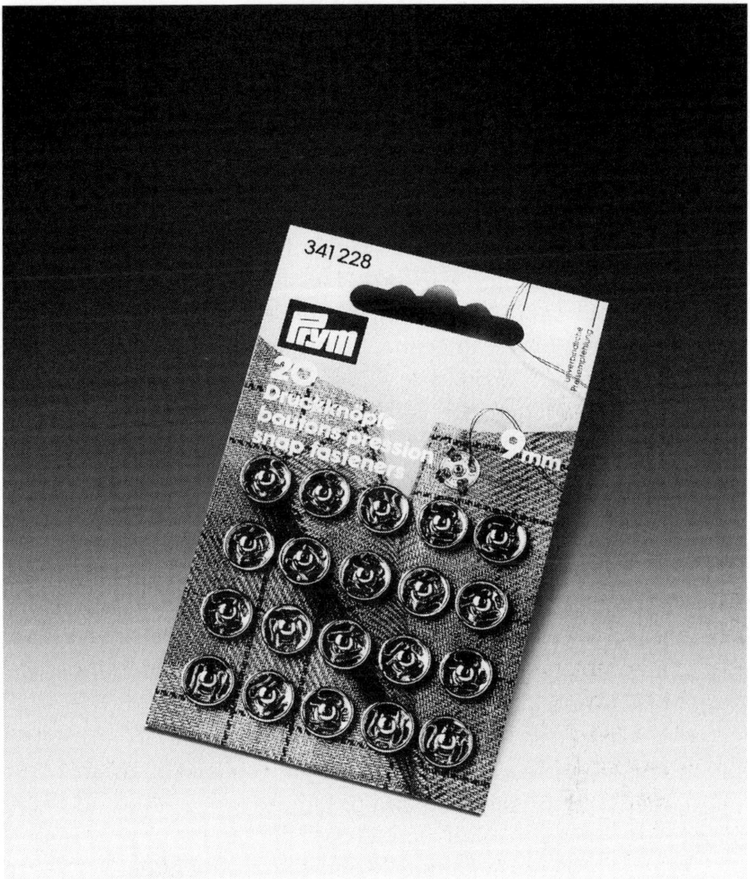

fällig die Beinkleider der Herren, hat er heute in beinahe jedem Bekleidungsbereich seinen festen Platz. Etwa 700 Millionen Exemplare von *Prym's Zukunft* gehen pro Jahr in aller Herren Länder. Obwohl der Programmumfang der William-Prym-Werke allein im Bereich Metallkurzwaren auf 30.000 Positionen geschätzt wird, macht der Druckknopf ein Viertel des Gesamtumsatzes aus – 60 bis 70 Millionen DM jährlich –, so daß sich der Werbe- und Wahlspruch aus der Gründerzeit bis heute bewahrheitet hat: „Auf Druckknöpfen wandelnd, geht es weiter voran: Prym's Zukunft".

In den 50ern waren sie bei Heim- und Handwerkern noch gang und gäbe, wenn es etwas an die Wand zu schrauben galt: Holzklötzchen, mit Gips verspachtelt, oder Blechhülsen, gefüllt mit Hanf. Seit knapp 40 Jahren dagegen ist grauer Kunststoff selbstverständlich: Nylondübel „made by fischer".

Ihr Ursprung liegt im Schwarzwalddorf Tumlingen. Als dort Artur Fischer 1953 angeboten wird, die Herstellung eines englischen Kunststoffdübels zu übernehmen, erkennt er sogleich, daß das unscheinbare Ding bisher ungeahnte befestigungstechnische Lösungen in sich birgt. Allerdings muß der gelernte Handwerker nach gründlichen Versuchen einsehen, daß das britische Produkt in der Praxis nur neue Probleme mit sich bringen wird. Er macht sich daran, selbst einen Dübel zu entwickeln.

1958 kommt der graue *fischerdübel S* aus Nylon auf den Markt. Manche Bauexperten schütteln den Kopf, weil ein so wertvoller Kunststoff einfach in der Wand verschwinden soll. Doch Fischer – heute als „der Mann mit den 5.000 Patenten" apostrophiert – weiß, was er tut: Nylon zeichnet sich durch hohe chemische und thermische Beständigkeit, enorme Dauerbelastbarkeit, gute Alterungsbeständigkeit und neutrales Korrosionsverhalten aus.

Inzwischen ist der graue *fischerdübel S* der meistproduzierte – und meistkopierte! – Dübel der Welt. Seine charakteristische Form mit den federnden Sperrzungen zur Drehsicherung und den ausgeprägten Zähnen im Spreizbereich verleiht dem Dübel die hohen Haltewerte und die bekannte Montagefreundlichkeit. Und der kraftvolle Winzling hat außerdem einen eigenen Markt für Befestigungstechnik begründet: Dafür sprechen über 850 Erfindungen von fischer, eine Produktpalette mit mehr als 1.000 Dübeltypen und die meisten bauaufsichtlichen Zulassungen durch das Deutsche Institut für Bautechnik (DIBt) in Berlin.

Ein Höhepunkt der Tumlinger Innovationen: das *fischer-Zykon*-System, bei dem – weltweit einmalig – in einem einzigen Arbeitsgang und mit nur einem Bohrer ein *zy*lindrisch-*kon*isches Bohrloch (also mit einer Erweiterung am Ende!) hergestellt wird. Dieser sogenannte Hinterschnitt ermöglicht eine spreizdruckfreie Verankerung

im Beton und damit extreme Belastungen bei unglaublich geringen Rand- und Achsabständen. fischer gilt längst in allen Bereichen der Befestigungstechnik als Problemlöser Nr. 1. Im eigenen Forschungszentrum entwickelt die Schwarzwälder „Ideenfabrik" Spitzentechnologie – vom neuartigen Dübel-Funktionsprinzip (FUR) bis zur zukunftsorientierten Serviceleistung (elektronischer Katalog). Egal ob Euro-Tunnel oder dänische Belt-Querung, Londoner U-Bahn oder Amsterdam Arena: Befestigungssysteme aus Tumlingen sind dabei.

Der Edelstahl Rostfrei – KRUPP

In der 5000-jährigen Geschichte der Nutzung des Eisens hat die Gewinnung von Eisen und Stahl eine beachtliche Entwicklung erfahren.

Einen besonderen Schritt nach vorne machte die Verhüttung und Erzeugung von Eisen und Stahl seit der Mitte des vorigen Jahrhunderts. Die Firma Krupp, die seit 1811 hochwertigen Gußstahl herstellte, hatte hieran maßgeblichen Anteil. Als bahnbrechend für die Massenstahlerzeugung erwiesen sich die Einführungen des Bessemer- und des Siemens-Martin-Verfahrens, bei Krupp 1862 bzw. 1869. Ein Problem blieb jedoch zunächst noch ungelöst: die Korrosionsschäden an Eisen und Stahl durch Rost.

Im Werk Essen gründet Friedrich Alfred Krupp Ende des 19. Jahrhunderts ein chemisch-physikalisches Institut für die wissenschaftliche Stahlforschung, das sich auf dem Felde der Edelstahlproduktion zu einem international anerkannten Forschungszentrum entwickelt. Der Erfolg bleibt nicht aus: Am 17. Oktober 1912 meldet die Fried. Krupp AG die „Herstellung von Gegenständen, die hohe Widerstandskraft gegen Korrosion erfordern..." zum Patent an. Das Ergebnis dieses Herstellungsprozesses ist der korrosionsbeständige V2A-Stahl. Noch heute ist diese Bezeichnung für nichtrostenden Stahl gebräuchlich. Anschaulicher jedoch ist jene Wortbildung, die seit 1922 als weltweit geschütztes Warenzeichen für die Firma Krupp fungiert: *NIROSTA®*.

Internationale Beachtung fand *NIROSTA®* Ende der 20er Jahre durch den Einsatz am Turmhelm des Chrysler-Buildings in New York, das noch heute von den Originalblechen der Firma Krupp umgeben ist.

In den folgenden Jahren hat die technische Entwicklung den nichtrostenden Stahl immer preiswerter und vielfältiger einsetzbar gemacht.

Mit der Einführung der Kaltwalztechnik nach dem Sendzimir-Verfahren gelang in den 50er Jahren der endgültige Durchbruch zu einem Werkstoff für die vielfältige Massennutzung: Nicht nur in Töpfen, Waschmaschinen, Bestecken und Spülen, auch als Abgaskatalysator, als Werkstoff im Eisenbahnbau sowie in Kunst und De-

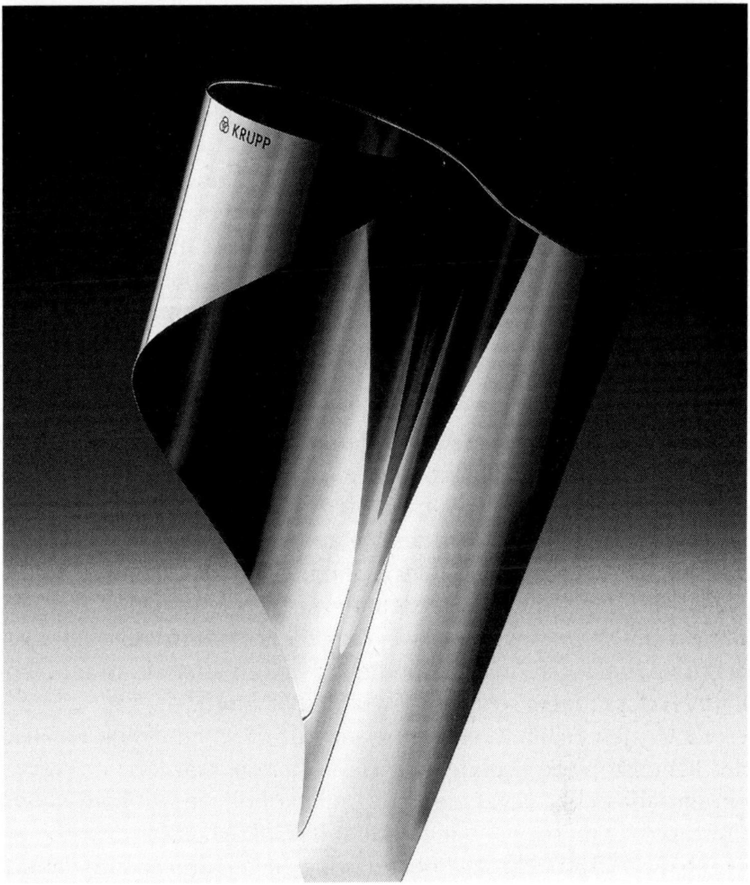

sign findet *NIROSTA®* heute Verwendung und ist an Festigkeit und Beständigkeit anderen Materialien weit überlegen.

In der Lebensmittelindustrie ist Hygiene, in der chemischen Industrie die Korrosionsbeständigkeit das ausschlaggebende Argument für *NIROSTA®*: Weltweit werden heute (1997) rund 16 Millionen Tonnen Edelstahl Rostfrei vermarktet. Der weltweit größte Erzeuger dieses Produktes ist Krupp. Heute ist Edelstahl Rostfrei die am schnellsten wachsende Stahlgruppe. Es ist davon auszugehen, daß er seinen Erfolg bis weit ins nächste Jahrtausend fortsetzen kann.

„Die Gedanken liegen oft wie Männlein und Weiblein voneinander getrennt", sagt eine Redensart über das Geheimnis der Kreativität, „doch erst wenn sie zusammenkommen, ist das Pulver erfunden." Genau dies war der Fall bei der Entdeckung des *WECK*-Einkochverfahrens zur Haltbarmachung von Lebensmitteln. Die Voraussetzungen für dieses Patent, das am 24. April 1892 angemeldet wurde, waren teils schon seit Jahrhunderten gegeben: Die Technik, Gläser mittels eines Vakuums zu verschließen, war ebenso bekannt wie das Prinzip der Hitzekonservierung, durch das alle Fäulnisbakterien des Einkochgutes abgetötet werden. Es bedurfte nur noch der Kombination dieser Erkenntnisse zur eigentlichen Erfindung. Sie leistete der Chemiker Rudolf Rempel.

In einem Brief an die Firma Weck sollte seine Frau später schreiben: „Zu diesen ersten Versuchen benützte er Pulvergläser aus dem chemischen Laboratorium, deren Rand er abgeschliffen hatte. Er versah die Gläser mit Gummiring und Blechdeckel und kochte die Nahrungsmittel im Wasserbad, indem er einen schweren Gegenstand auf den Deckel des Glases legte. Die sterilisierte Milch, die er nach Monaten aufmachte, als Besuch ins Laboratorium kam, um Kaffee vorzusetzen, schmeckte wunderbar frisch."

Unter den ersten Kunden, die sich für diese neuartige Technik der Lebensmittelkonservierung interessierten, war Johann Weck, ein entschiedener Vegetarier und Antialkoholiker. Mit badischem Obst und Gemüse, haltbar gemacht in Einkochgläsern, wollte er gegen die Volksseuche Alkohol zu Felde ziehen und erwarb darum nach dem Tod des Erfinders das „Rempelsche Patent". Als Mitarbeiter und später als Teilhaber zog er einen Kaufmann hinzu, Georg van Eyck, um gemeinsam mit ihm am 1. Januar 1900 die Firma J. Weck u. Co. zu gründen.

Nur zwei Jahre später war Georg van Eyck Alleininhaber der Firma, weil sein Partner sich inzwischen neuen Aufgaben zugewandt hatte. Van Eyck stellte Hauswirtschaftslehrerinnen an, die in Kochschulen praktische Einführungen gaben, und verbesserte laufend die Einkochgläser und -apparate, Thermometer und Hilfsgeräte, die er alle unter der Marke *WECK* herausbrachte.

Die heutigen *WECK*-Rundrandgläser stellen die logische Fortführung des altbewährten Einweck-Verfahrens dar. Das neue Glas gibt es in der sogenannten „Tulpen-Form“ für Obst und Gemüse, in der „Sturz-Form“ für Fleisch und Wurst, in der nostalgisch schönen Schmuckform sowie in der Karaffenform. Dank eines neuartigen Verschlusses kann das *WECK*-Rundrandglas bis unter den Deckel gefüllt werden. Die frühere Beeinträchtigung durch oxydierenden Restsauerstoff wird dadurch vermieden: Der gesamte Inhalt bleibt gleich schön und vollwertig.

„Ein gutes trefliches Buch und ein herrlicher Artickel – bis hero hat es das Unglück gehabt, immer in schlechten Händen zu seyn und aus einer Hand in die andere zu wandern." Es war Liebe auf den ersten Blick, als Friedrich Arnold Brockhaus auf der Leipziger Buchmesse 1808 das halbfertige „Conversations-Lexicon" der Privatgelehrten Löbel und Francke entdeckte. 1.800 Taler setzte der Nachfahre einer Predigerfamilie und gelernte Tuchhändler aufs Spiel, um die Rechte an dem fragmentarischen Kompendium zu erwerben. Zusammen mit Freunden machte er sich ans Werk, selbst die noch fehlenden Beiträge zu schreiben. Als er das „trefliche Buch" endlich vollständig und um zwei Ergänzungsbände vermehrt herausbringen konnte, erwies es sich fürwahr als ein „herrlicher Artickel": Von Juni 1812 bis Dezember 1815 hatte Brockhaus 10.000 Exemplare seines Lexikons verkauft.

Brockhaus bewies mit dieser Tat großen verlegerischen Weitblick. Denn er erkannte in dem verunglückten Unternehmen seiner Vorgänger den Stoff zu einem Volksbuch mit ungeheuren Möglichkeiten: „Das Wissenswürdigste für allgemeine Bildung aus dem Umfange der Wissenschaft, der Natur, der Kunst und des öffentlichen Lebens auf eine der Gestalt, dem Charakter und dem Bedürfnisse der Zeit entsprechende Art kurz und deutlich darzustellen", lautet die Formel, mit der er den neuen Typ eines jedermann verständlichen Nachschlagewerkes entwarf. Diese Formel, die beispielgebend wurde in aller Welt, hat auch nach nunmehr 180 Jahren nichts von ihrer Gültigkeit verloren.

Heute zeichnen sich 40 Redakteure und rund 1.350 wissenschaftliche Mitarbeiter verantwortlich für die 24 Bände, die im wahrsten Sinne des Wortes die Welt bedeuten. Auf 17.500 Seiten mit rund 260.000 Stichwörtern und über 35.000 Abbildungen, Karten und Tabellen im Vierfarbdruck bieten sie die umfassendste Aufschlüsselung unserer komplexen Wirklichkeit.

Doch findet der Leser im *BROCKHAUS* nicht nur ein Maximum an Detailinformationen, sondern auch eine enzyklopädische Zusammenschau, durch die der Einzelbegriff in einen übergeordneten Sachzusammenhang gestellt wird. Wer einmal der Fährte des

praktischen Verweissystems nachspürt, begibt sich auf eine intellektuelle Abenteuerreise durch das gesammelte Wissen der Menschheit. *BROCKHAUS. DIE ENZYKLOPÄDIE* in ihrer neuesten Ausgabe ist die Summe von zwei Jahrhunderten erfolgreicher Informationsverarbeitung. Wer den *Brockhaus* aufschlägt, kann sicher sein, auf die meisten seiner Fragen eine bündige Antwort zu erhalten. Diese spezifische Qualität ist es, die die *BROCKHAUS ENZYKLOPÄDIE zu* der bekanntesten und meistgelesenen Enzyklopädie der Welt machte.

Ohne Ärger kann der Mensch nicht leben. Doch nirgendwo kann man sich so schön ärgern wie bei einem Spiel, das dies genau verbieten will: *Mensch-ärgere-Dich-nicht.*

Als das neue Jahrhundert gerade fünf Jahre alt ist und die Winterabende mangels Fernsehen und erst vereinzelt verbreiteter Radios noch lang sind, entwickelt der Hobbytüftler Josef Schmidt, ein städtischer Angestellter aus dem Münchner Arbeiterviertel Giesing, ein Mittel zum Zeitvertreib, das 13 Jahre später als Jahrhunderterfindung gefeiert wird – und das bis heute: *Mensch-ärgere-Dich-nicht,* der Familienspaß auf dem Pappbrett, feierte 1987 nicht nur seinen 75. Geburtstag, sondern auch eine neue Auflagenhöhe von 55 Millionen Spielen.

Dabei hatte Josef Schmidt, als er die ersten Spielbretter aus alten Hutschachteln schnitt, allseits nur wenig Beifall bekommen. Und selbst als er 1912 in der Münchner Lindenstraße eine Werkstatt eröffnete, um seine Erfindung fortan in Serie zu produzieren, stellte sich der große Erfolg nicht ein: In der Zeit des Ersten Weltkriegs stand den wenigsten Menschen der Sinn nach Spielen.

Eine gute Tat brachte den Durchbruch. Um Frontsoldaten eine Freude zu machen, verschenkte Josef Schmidt 3.000 *Mensch-ärgere-Dich-nicht*-Spiele an deutsche Lazaretts, von wo aus das Würfelspiel mit den bunten Holzkegeln sogar bis in die Schützengräben vordrang. Und nach Kriegsende wollte jeder das tun, was der Titel des Spieles eigentlich verbietet: sich ärgern! Bis 1920 waren weit über eine Million Spiele verkauft – zu einem Stückpreis von 35 Pfennigen.

Der fröhliche Ärger hielt an, und heutzutage gibt es kaum eine Familie, in der das Spiel um Vorrücken und vor allem Hinauswerfen nicht für abendfüllende Unterhaltung sorgt. In drei von vier bundesdeutschen Haushalten steht der knallrote Karton mit dem finster blickenden Herrn im Regal. Kein anderes Gesellschaftsspiel konnte sich an Popularität jemals mit *Mensch-ärgere-Dich-nicht* messen. Und nicht nur hierzulande: Franzosen spielen auf dem Pappquadrat mit den 72 Kreisfeldern ebenso begeistert wie Italiener. Und da Spiele nur schwer zu schützen sind, feiert das „Spiel

der Spiele" heute unter Ärgerwilligen aller Nationen Erfolge. Dabei verraten die ausländischen Versionen Interessantes über die Eigenart der verschiedenen Völker. Während der Amerikaner den Mitspieler nur mit „Sorry" hinauswirft, strebt der Schweizer bedächtig dem Ziel entgegen: „Eile mit Weile".

Aus der kleinen Werkstatt von Josef Schmidt ist mit den Jahren ein führendes Unternehmen geworden: Die Schmidt Spiele Eching haben heute rund 500 verschiedene Spiele im Programm. Ein Beweis dafür, zu welchem Erfolg Ärger beflügeln kann!

„Man sollte Klaviermusik nur für den Bechstein schreiben." Kein Geringerer als der große französische Komponist Claude Debussy stellte dieses Zeugnis einer deutschen Firma aus, die sich im Jahrhundert der Klaviermusik von einem Einmannbetrieb zu einem weltberühmten Unternehmen entwickeln sollte.

1853 legte der junge, mittellose Klavierbauer Carl Bechstein aus dem thüringischen Gotha den Grundstein zur eigenen Fabrik in Berlin. Ein dreiviertel Jahr brauchte er, um seine ersten beiden Instrumente fertigzustellen. Drei Jahre später, 1856, begann er mit dem Bau seiner ersten Flügel nach eigenem Konstruktionsprinzip. Einflußreiche Musikerfreunde, aber auch die Silbermedaille der Londoner Industrieausstellung 1862 trugen dazu bei, den Ruf der Bechsteinschen Klavierbaukunst zu verbreiten und ihr den von französischen, österreichischen und englischen Firmen hart umkämpften Weltmarkt zu erschließen.

Produzierte der junge „Hoflieferant Sr. Majestät des Königs" um diese Zeit an die 300 Instrumente im Jahr, erlebte die Firma in den Jahren bis zum Ersten Weltkrieg eine beispiellose Expansion. Bis 1914 bauten 1.100 Arbeiter jährlich fast 5.000 Klaviere und Flügel. Unter den Sonderanfertigungen waren Rokoko- und Empireklaviere, vergoldete, bemalte oder tropentaugliche, ja sogar ein Schreibtischklavier für den reiselustigen Richard Wagner. Die Kundenliste führte neben den preußischen, englischen und russischen Majestäten die erlauchtesten Adelshäuser Europas auf. Vor allem aber waren es die großen Pianisten, die den Ruf der *BECHSTEIN*-Instrumente begründeten und bis heute bestätigen.

„Bechstein ist das für den Pianisten, was Stradivarius und Amati für den Geiger", erklärte der unermüdliche Vorkämpfer der *BECHSTEIN*-Produkte, Hans von Bülow. Betrachtet man die vielgepriesenen Vorzüge der Instrumente, so treten drei Aspekte hervor: Die mechanische Leichtigkeit, die eminente Klangqualität und eine Haltbarkeit, die „selbst der kräftigsten Behandlung Widerstand" leistet – eine Qualität, die zu Zeiten eines Liszt, der vor Carl Bechsteins Augen einen Konzertflügel der französischen Konkurrenz zertrümmerte, durchaus nicht selbstverständlich war.

Und auch heute erweisen sich *BECHSTEIN*-Flügel selbst unter der strapaziösen Dauerbearbeitung moderner Jazzpianisten als äußerst durabel. Über die vorzügliche technische Spielbarkeit, die Feinabstimmung der Registerlagen, Fülle und Nuancenreichtum des Klanges hinaus wird den Instrumenten eine geradezu eigene Art von Sensibilität zugesprochen, welche die besondere Beziehung zwischen Interpret und Instrument unmittelbar zum Ausdruck zu bringen vermag: Für Richard Strauß waren sie darum „die schönsten und feinfühligsten der Welt".

Die Fluggesellschaft – LUFTHANSA

Als Otto Lilienthal 1891 zu seinem ersten Gleitflug ansetzte, konnte er kaum ahnen, daß eine deutsche Luftfahrtgesellschaft gut 100 Jahre später mehr als 28 Millionen Passagiere in aller Welt befördern sollte. Doch eben diese Zahl von Gästen konnte die Deutsche Lufthansa AG 1993 an Bord ihrer Maschinen begrüßen.

Die Geschichte des deutschen Nationalcarriers begann am 6. Januar 1926. An diesem Tag wurde die „Deutsche Luft Hansa AG" als Zusammenschluß der „Junkers Luftverkehr AG" mit der „Deutschen Aero Lloyd AG" ins Leben gerufen. Damals war es durchaus keine Selbstverständlichkeit, daß sich Flugzeuge einer deutschen Fluggesellschaft in die Lüfte erheben durften. Nach dem verlorenen Ersten Weltkrieg hatte es zäher Verhandlungen bedurft, um für Deutschland im internationalen Flugverkehr die gleichen Rechte wie die der Siegermächte durchzusetzen.

Mit acht Flugstrecken nimmt die *Lufthansa* ihren Betrieb auf. Doch schon bald fliegen die Maschinen mit dem Symbol des aufsteigenden Kranichs in die ganze Welt hinaus. Am 1. Mai 1926 wagt die Lufthansa den ersten Passagierlinienflug der Geschichte bei Nacht. Geführt von Signalfeuern findet die Maschine sicher ihren Weg von Berlin nach Königsberg. Die Reisezeit nach Moskau verringert sich auf sensationelle 15 Stunden. Und nur ein halbes Jahr nach Gründung der Gesellschaft starten zwei Junkers G 24 in Berlin nach Peking, um am 30. August in der alten Kaiserstadt zu landen.

Mit dem Zusammenbruch des Deutschen Reichs erlebt auch die *Lufthansa* ein vorläufiges Ende. Auf Beschluß des Kontrollrats muß sie 1945 den Betrieb einstellen. Erst am 6. Januar 1953, dem Geburtstag der deutschen *Lufthansa,* wird in Köln die neue nationale Fluggesellschaft aus der Taufe gehoben. Schon zwei Jahre später nimmt die Lufthansa ihre Linienflüge wieder auf. Mit der Einführung der Boeing 707 beginnt 1960 das Jet-Zeitalter. Zehn Jahre später fliegt auch die 747 – der Jumbo-Jet – in den Farben der Lufthansa.

Die Heimatbasis der heute 206 Flugzeuge umfassenden *Lufthansa*-Flotte ist Frankfurt, wo sich auch mit dem *Lufthansa Cargo*

Center der größte Frachtflughafen der Welt befindet. Das Durchschnittsalter der Maschinen, die über 170 Ziele in aller Welt anfliegen, liegt mit nur 5,1 Jahren weit unter dem Branchendurchschnitt. Im harten Wettbewerb des internationalen Fluggeschäfts setzt Lufthansa konsequent auf die Zufriedenheit ihrer Passagiere. Sicherheit, Zuverlässigkeit, Komfort und hohe technische Kompetenz bestimmen ihren Ruf – nach einer weltweiten Befragung von 10.000 Personen gilt *Lufthansa* als die stärkste Marke im gesamten internationalen Luftverkehr.

Der Füllfederhalter – MONTBLANC-MEISTERSTÜCK

Ein Füllfederhalter ist weitaus mehr als nur ein Schreibgerät. Wie im Schriftbild selbst gelangt auch in der Wahl einer Feder ein ganz persönliches Bekenntnis zum Ausdruck: der Charakter und die Individualität eines Menschen. Persönlichkeiten, die ästhetische Kultur in perfekter Funktion suchen, entscheiden sich in Deutschland darum fast stets für das *Meisterstück* von MONTBLANC.

Wer um die Jahrhundertwende einen Brief schreiben wollte, der griff meist zu Gänsekiel oder Feder. Ein Füllfederhalter mit Tintenkammer war als teurer Luxusartikel nur den Reichen vorbehalten. Einem Hamburger Schreibwarenhändler kam es darum in den Sinn, solche Federhalter für sein Geschäft zu produzieren. 1906 tat er sich mit einem ortsansässigen Bankier und einem Berliner Ingenieur zusammen. Die Nachfrage war so groß, daß schon bald eine leistungsfähige Firma ins Leben gerufen wurde. Die finanzkräftigen Unternehmer Voss, Lausen und Dziambor boten ihre Beteiligung an, und 1908 wurde das Unternehmen gegründet. Der Name Montblanc wurde in einer privaten Runde der Gründer gefunden. Der weiße Kappenkopf und später der weiße Stern muteten wie ein schneebedeckter Gipfel an. Der höchste Berg Europas steht gleichzeitig für höchste Qualität.

1924 brachte Montblanc das legendäre *Meisterstück* heraus. Wie kaum ein anderer Füllfederhalter vereint er in sich Eleganz, Prestige und handwerkliche Perfektion. Besondere Sorgfalt gilt der Feder aus 14- oder 18-karätigem Gold mit Platinintarsia. Viele handarbeitliche Arbeitsgänge durchläuft die Feder, wobei der Schliff eine besondere Stellung einnimmt. Als Gütesiegel ist der Goldfeder eines jeden *Meisterstücks* die Zahl „4810" eingraviert, die Höhe des Montblanc.

Dieser Klassiker präsentiert sich heute in zwei Produktfamilien: dem edel-schlanken *Meisterstück Classique* und dem voluminösgewichtigen *LeGrand de Montblanc*. Als praktischen Reisebegleiter führte Montblanc außerdem jüngst mit dem *LeGrand Traveller* einen Füllfederhalter mit Patronenschlitten ein.

Noch größer und gewichtiger gibt sich das eigentliche Herzstück der gesamten Kollektion, das *Meisterstück 149* – der Füll-

federhalter, der weltweit Verträge besiegelt und in der Hand von Staatsmännern bereits Geschichte schrieb. Die Juwelierausführung des *Meisterstücks* ist unter dem Namen *Solitaire* mit Goldplattierung, in Sterlingsilber oder in 18-karätigem Gold erhältlich.

Zwei Meisterstücke gelangten weltweit zu Berühmtheit: Die massiv goldene Version des großen *Meisterstück 149* und der ebenfalls massiv goldene *Solitaire Royal,* der überdies mit 4.810 „full cut"-Diamanten bestückt ist, fanden wegen ihrer Kostbarkeit Eingang in das „Guinness-Buch der Rekorde".

Das Gummibärchen – HARIBO

In England und Amerika heißt er Gold Bear, in den Niederlanden Goud-Beertje und in Frankreich Ours d'Or. Die Heimat aber dieser meistverbreiteten Bärenart der Erde liegt im deutschen Bonn am Rhein. Dort erblickte im Jahre 1921 das erste Gummibärchen das Licht der Welt. Die Geburtsstätte war die ein Jahr zuvor gegründete Firma HARIBO. Um die Produkte seines Unternehmens auf einprägsame Weise kenntlich zu machen, hatte der Firmengründer die Anfangssilben seiner eigenen Adresse miteinander verschmolzen und zum Markennamen gemacht: Hans Riegel Bonn.

Ursprünglich gelangten die Gummibärchen von HARIBO unter der Bezeichnung „Tanzbären" auf den Markt. Ihren leckeren Geschmack verdanken sie der Rohmasse, aus der sie geformt werden. Gummibärchen bestehen aus Fruchtgummi, einer aus hochwertigen Rohstoffen hergestellten Süßware. Glukose, Zucker, Gelatine, Zitronensäure und Farbstoff werden mit Aromastoffen gemischt. Diese Masse wird so lange erhitzt, bis sie sich verflüssigt, und sodann in eine feste Form gegossen. Nach der Verfestigung schließlich werden die *Goldbären* geglänzt.

Nicht nur Kinder, auch zahllose Erwachsene gehören zu den Liebhabern von *HARIBO-Goldbären.* Manche Frauen fürchten aber um ihre schlanke Linie, wenn sie sich mit ihnen das Leben versüßen. Doch sind solche Sorgen überflüssig. Denn der Kaloriengehalt von Fruchtgummi liegt mit 330 Kalorien pro 100 g weit unter dem Kaloriengehalt vieler anderer Nahrungsmittel. Zudem besteht die bei der Herstellung verwendete Glukose aus verschiedenen Zuckern und damit aus leichtverdaulichen Kohlehydraten. Und die Gelatine, die zur Flüssigkeitsverfestigung benötigt wird, ist ein gut verwertbares Nahrungseiweiß.

1946 kehrte Hans Riegel, der Sohn des Firmengründers und jetzige Leiter von HARIBO, aus dem Zweiten Weltkrieg zurück. Gerade 23 Jahre alt, sollte er nun die väterliche Fabrik übernehmen. Bei seiner Heimkehr fand er 30 Angestellte und 10 Sack Zucker vor. Doch er wußte, wie man Gummibärchen herstellt.

Heute – 50 Jahre später – ist HARIBO mit drei Fabriken in Deutschland und fünf Auslandsbetrieben der größte Hersteller von

Fruchtgummi- und Lakritzartikeln weltweit. Aus den 30 Angestellten der Nachkriegszeit sind allein im Hauptwerk in Bonn 1.250 Mitarbeiter geworden. Sie sorgen dafür, daß HARIBO-Produkte fast überall in Europa und in vielen Ländern der Erde erhältlich sind.

Wenn HARIBO heute in aller Munde ist, so hat das Unternehmen dies vor allem seinen *Goldbären* zu danken. Würden all die Gummibärchen, die pro Jahr allein in Deutschland vernascht werden, eine Kette bilden, so könnten sie dreimal den gesamten Erdball umspannen.

Die Haferflocken – KÖLLNFLOCKEN

Die Elmshorner Grönlandfahrer, die im vergangenen Jahrhundert zum Walfang ins Nördliche Eismeer aufbrachen, brauchten für ihre gefahrvollen Unternehmungen nicht nur Mut, Geschicklichkeit und Ausdauer, sondern auch einen Proviant, der sie während ihrer harten Arbeit bei Kräften hielt. So luden sie säckeweise Schiffszwieback und Hafergrütze an Bord, denn sie hatten erkannt, daß diese Kost ein hervorragender Energiespender ist. Die Walfänger wußten aber offensichtlich auch, daß der Nährwert des Hafers entscheidend von seiner Verarbeitung abhängt, denn die meisten verproviantierten sich bei dem damals schon weit über die Stadtgrenzen hinaus bekannten Fabrikanten Peter Kölln.

Im Jahre 1795 hatte der Landwirt Hans Hinrich Kölln in Elmshorn eine „Roßmühle und alle zum Hafergrützemahlen gehörigen Geräthe" erworben. Doch erst sein Sohn Peter legte mit dem 1820 begonnenen Ausbau der Grützmühle den Grundstein zu den heute bedeutendsten und modernsten haferverarbeitenden Werken Europas. Die damals noch gesackte Ware ging schon bald bis nach Rußland, Chile oder Peru.

Das Produkt aber, das für viele mit den Kölln-Werken identisch ist und in fast jedem von uns Kindheitserinnerungen weckt, existiert in jenen Jahren noch nicht: die Haferflocken. Das aufwendige technische Verfahren, um Hafer zu Flocken zu walzen, wurde erst um die Jahrhundertwende entwickelt. Zu dieser Zeit begann man bei Kölln, die ersten *Köllnflocken* herzustellen und sie in Kleinpackungen abzufüllen. Ab 1927 erschienen diese Packungen dann im blauen Kleid, aus dem sich das charakteristische blaukarierte Muster entwickelte, das – Küchenfliesen nachempfunden – bis heute das Markenzeichen der *Köllnflocken* geblieben ist.

Damit aus einfachen Haferflocken aber die berühmten *Köllnflocken* werden, kommt es ganz besonders darauf an, daß wirklich alle wertvollen Teile des Korns erhalten bleiben. Denn Keim und Randschichten des Haferkorns enthalten etwa 85 Prozent der Vitamine, 80 Prozent der Mineralstoffe und 60 Prozent des Eiweißes. Nur wenn sie erhalten bleiben, darf von einem Vollkorn-Produkt gesprochen werden.

Generationen von Kindern sind hierzulande mit *Köllnflocken* groß geworden. Heute bieten die Haferspezialisten aus Elmshorn neben den traditionellen Produkten wie *Blütenzarte Köllnflocken* und *Köllns Echte Kernige* auch verschiedene Müslisorten sowie ein knuspriges Hafererzeugnis als *Haferfleks* an, die sich vor allem bei der jungen, auf Form und Gesundheit bedachten Generation großer Beliebtheit erfreuen. Damit beweist das erfolgreiche Familienunternehmen Kölln nach über 175 Jahren seines Bestehens wieder einmal, welche Kraft im Hafer steckt.

Das Halsschmerzkonzentrat – MALLEBRIN

Von nur ganz wenigen Arzneimitteln wird man mit Fug und Recht behaupten wollen, daß sie ein Kapitel in der Geschichte der Pharmazie geschrieben haben. Das Konzentrat *Mallebrin,* das in Deutschland und weit darüber hinaus seit nunmehr siebzig Jahren mit konstantem Erfolg verkauft und angewendet wird, ist ein solches Medikament. Aber es ist noch mehr.

Denn auch die Entwicklung von Form und Sprache der Arzneireklame spiegelt dieser Klassiker unter den Halsschmerzmitteln in anschaulicher und zugleich amüsanter Manier wider. So heißt es in der allerersten Broschüre von 1922: „Mallebrin beeinflußt in günstiger Weise die menschliche Stimme, weshalb es Sänger, Geistliche, Lehrer und Abgeordnete zur Beseitigung stimmlicher Indisposition anwenden." Wie sehr sich der Zeitgeist seit damals gewandelt hat, illustriert eine aktuelle Anzeige, in der schon die Headline – anspielend auf die wirkungsvolle, aber eben nicht besonders schmackhafte Zusammensetzung von *Mallebrin* – selbstironisch droht: „Der Schrecken aus dem Medizinschrank."

Dabei korrespondieren die Veränderungen in der *Mallebrin*-Werbung nicht nur mit den Zeitströmungen, sondern auch mit dem notwendigen Wandel, den der *Mallebrin*-Hersteller, die Krewel-Werke GmbH, in diesen siebzig Jahren erfahren hat. Ihre Gründung verdanken die Krewel-Werke einzig der konsequenten ethischen Haltung eines Mannes: Dr. Georg Ernst Blank.

Am 24. Februar 1922, just an seinem dreißigsten Geburtstag, begann Blank mit der industriellen Produktion seiner Arzneimittel in Eitorf bei Bonn. Mit seinem unternehmerischen Mut, mit Disziplin und Überzeugungskraft führte Blank den Betrieb sowohl durch die Weltwirtschaftskrise als auch durch die Kriegsjahre, an deren Ende die völlige Zerstörung der Werksgebäude stand.

Doch das Unternehmen hatte in den fünfziger Jahren schon wieder seine Vorkriegsgröße erreicht und ist seitdem, mittlerweile geführt von Blanks Tochter Inge Viefhues, stetig gewachsen. Dies nicht zuletzt dank jenes gleichsam zeitlosen Medikaments mit dem Namen *Mallebrin.* Für das traditionsreiche Halsschmerzmittel zum Gurgeln, das heute auch als Lutschtablette erhältlich ist, stellt

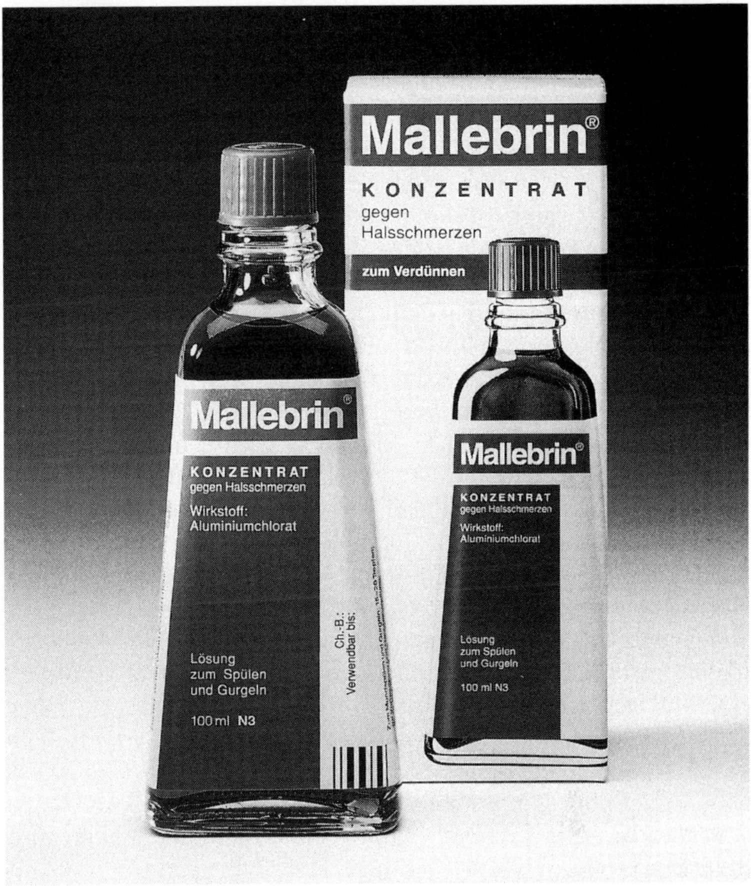

Krewel den Wirkstoff selbst her – und zwar bei unveränderter Rezeptur wie ehedem in gewaltigen Behältern aus Steingut. Die milde wirkende Rezeptur auf der Basis von Aluminiumchlorat sorgt dafür, daß Halsentzündungen schnell gelindert werden. Zugleich beseitigt *Mallebrin* Schwellungen und Schmerzen, indem es die oberen Schichten der Schleimhäute reinigt, strafft und schützt.

Eben diese umfassende und dennoch nachhaltige Wirkungsweise ist es, die *Mallebrin* nun schon seit Generationen einen festen Platz in jedem häuslichen Arzneischränkchen einnehmen läßt.

Die Haushaltsschere – ZWILLING TWIN

„Ob es wohl einen Menschen geben mag", fragte im 18. Jahrhundert der große deutsche Aufklärer Lichtenberg, „welchem das Schneiden mit einer scharfen Schere kein Vergnügen bereitet?"

Seit im Jahr 1731 Peter Henckels zu Solingen das ZWILLING-Emblem in die Zeichenrolle der Messerschmiedezunft eintragen ließ, sind über zwei Jahrhunderte vergangen. Das Vergnügen aber, mit einer scharfen Schere zu schneiden, ist nach wie vor untrennbar mit diesem Sinnbild – dem Zwilling – verknüpft. Ob in der Küchenschublade oder im Bastelkeller: Zwilling-Scheren finden sich in nahezu jedem deutschen Haushalt, oft schon in der zweiten oder gar dritten Generation.

Drei Eigenschaften bestimmen den Wert einer Schere: wie gut, wie lange und wie bequem sie schneidet. Die Qualität des verwendeten Stahls ist die Grundlage für ihre optimale Funktionsfähigkeit und Lebensdauer. Risse und Brüche sollen vermieden werden, der Stahl muß extrem verschleißfest sein. Bereits 1939 erwarb Zwilling ein Patent auf ein neuartiges Härteverfahren: das „Eishärten" von Stahlwaren, das seitdem neue Maßstäbe für die Qualität von Scheren aus rostfreiem Edelstahl unter dem geschützten Warenzeichen „Friodur" gesetzt hat.

In den 80er Jahren wurde mit der Einführung der *Zwilling Twin* Vielzweckschere ein neues Zeitalter angeschnitten. Es ist das Zeitalter, in dem das Design von Dingen und Produkten das Lebensgefühl vieler Zeitgenossen bestimmt. Aber nicht der Schein, sondern die Synthese aus fortschrittlichem Styling und optimalem Alltagsnutzen bestimmt bei *Zwilling Twin* das Bewußtsein. Ein Produkt, das aktuelles Outfit und perfekte Verarbeitung in sich vereint, ist bestens gewappnet, in den unterschiedlichsten Situationen „nicht den Schneid zu verlieren". Die schlag- und bruchfeste *Twin* dient zum Öffnen von Milchtüten, Drehverschlüssen, zum Schneiden von Blumen, Kordel und Teppich und wird hin und wieder auch gerne als Messerersatz herangezogen. Dabei gibt es keine Funktion, für die Zwilling heute nicht die richtige Spezialschere anbietet: von der klassischen Haushaltsschere über die Friseur-, Verband- und Taschenschere bis hin zur Schere für Linkshänder.

Bereits im 19. Jahrhundert erlangten die Produkte aus dem Hause Zwilling auf Weltausstellungen internationale Anerkennung und Preise. In konsequenter Unternehmenspolitik wurden ab 1883 Niederlassungen in der ganzen Welt gegründet, unter anderem in New York, Wien und Paris. Auch heute fußen die Aktivitäten von Zwilling auf Partnerschaft mit dem Handel, einem dicht geknüpften Netz von Verkaufspunkten, eigenen Vertriebsgesellschaften und Filialen, in denen Zwilling außer Scheren noch Messer, Bestecke und Maniküre-Produkte anbietet.

Müßte sich die Dame Justitia für eine Waage aus unseren Tagen entscheiden, so fiele ihre Wahl vermutlich auf ein Modell aus dem Hause Soehnle. Denn Soehnle ist der größte Haushaltswaagenhersteller Europas mit dem umfassendsten Angebot an Diät-, Küchen- und Personenwaagen in Analog- und Digitaltechnik.

Bei allem Einfallsreichtum der Soehnle-Techniker kann sich das Unternehmen freilich nicht der Erfindung der Waage rühmen – das Bedürfnis, Dinge zu wiegen, dürfte so alt sein wie die Menschheit selbst. Die Vorläufer der heute bekannten Waagentypen lassen sich bis ins Jahr 1400 v. Chr. zurückverfolgen. Erst im 17. Jahrhundert wurde die Federwaage erfunden, die die Elastizität einer Stahlfeder nutzt und den Druck des Gewichts auf der Waagschale mit Hilfe eines Zeigers angibt. Sie wurde vor allem als Back- und Haushaltswaage eingesetzt. Mitte des vorigen Jahrhunderts meldete Josef Beranger die nach ihm benannten Tafelwaagen zum Patent an, die vornehmlich im gewerblichen Bereich eingesetzt wurden und sich bis heute auf den Wochenmärkten erhalten haben.

Um diese Zeit beschäftigte sich auch Wilhelm Soehnle intensiv mit der Herstellung von Waagen. 1868 entschloß er sich, ein Unternehmen im württembergischen Murrhardt zu gründen, das mittlerweile von der dritten und vierten Generation der Familie geleitet wird. Soehnle ist heute der einzige Waagenhersteller in Deutschland, der von der kleinen Diätwaage über Personenwaagen bis zur elektronisch gesteuerten Wägeanlage mit 40 Tonnen Tragkraft nicht nur alle Modelle produziert und konstruiert, sondern auch selbst entwickelt.

Zu den Neuentwicklungen des Hauses gehören unter anderem die erste digitale Personenwaage für den privaten Hausgebrauch und die erste Back- und Diätwaage mit Mikroprozessor. Doch zu einem der größten Verkaufsschlager des Hauses und einem der meistgekauften Modelle unter den analogen Back- und Haushaltswaagen überhaupt entwickelte sich die formschöne und überaus vielseitige *culina plus.* Die mit der praktischen Zuwiege-Einrichtung ausgestattete Mehrzweckwaage weiß jede Hausfrau zu schätzen, denn vom Mehl über Zucker und Eier bis zur letzten Rosine

können alle Zutaten für den Kuchen in einer einzigen Schüssel zugewogen werden. Dies erspart nicht nur das lästige Umfüllen, sondern auch das anschließende Spülen. Nach dem Gebrauch kann die Schüssel über die Waage gestülpt und damit platzsparend weggestellt werden.

Aus den bescheidenen Anfängen des 1868 von Wilhelm Soehnle gegründeten Betriebs ist inzwischen ein international operierendes Unternehmen mit drei Auslandswerken geworden, das sich Märkte in über 100 Ländern der Welt erobert hat.

„Gehandelt wird mit dem Kopf, der Bauch hat im Geschäft nichts zu suchen." Diese eherne Regel hanseatischen Kaufmannstums hatte der junge Importeur Karl Rolf Seyferth wohl im Kontor gelassen an diesem Frühsommertag des Jahres 1925, als der Inhaber der Deutsch-Chinesischen Eiprodukten Gesellschaft spontan 5.000 Kilogramm kalifornischen Honigs erwarb. Doch schnell entwickelte sich an der Hamburger Wendenstraße ein regelrechter Gewerbebetrieb, wo Honig probiert und in handliche Gläser gefüllt wurde. Bereits zwei Jahre nach dem impulsiven Einstieg an der Börse hatte sich ein gut florierender Honig-Handel entwickelt.

Schon bald war Karl Rolf Seyferth klar, daß er sein neues Produkt für einen langfristigen Erfolg mehr profilieren mußte. So inserierte er 1927 im „Hamburger Fremdenblatt", daß er einen Firmenmantel suche. Damit setzte er den Grundstein für eine große Zukunft: Denn er bekam auch ein Angebot des Exportkaufmanns Vincent Emil Hermann (V.E.H.) Langnese, der zu dieser Zeit in Hamburg eine Bisquit-Fabrik mit hervorragendem Ruf leitete. Seyferth hatte die Chance seines Lebens erhalten! Doch zunächst bereitete der Krieg den Expansionsplänen ein jähes Ende.

1948, als alles noch in Trümmern lag, bescherte der Marshallplan den Hamburgern unverhofft eine Schiffsladung Bienenhonig. Im Nu hatte Seyferth in einem Fabrikskeller eine provisorische Abfüllerei installiert; und er konnte seine Erfolgsgeschichte weiter fortschreiben: Die Menschen rissen sich förmlich um das „flüssige Gold", und bereits 1951 zog die Firma Langnese in größere Produktionsräume um.

Nun sollte *Langnese*-Honig endgültig als Marke plaziert werden. Das größte Problem war hierbei: Wie kann man bei dem Naturprodukt Honig einen gleichbleibenden, unverwechselbaren Geschmack erzielen? Langnese erwarb eigene Imkereien in Guatemala, Salvador und Mexiko und baute umfassende Qualitätskontrollen auf.

Schon 1958 war Langnese mit einem Umsatz von 6.500 Tonnen Honig und 20 Millionen DM Marktführer. Karl Seyferth, inzwischen 65 Jahre alt, hatte sein Lebensziel erreicht und suchte einen wür-

digen Käufer, den er in Rudolf August Oetker fand. Am 1. April 1959 übernahm Dr. Oetker mit V.E.H. Langnese eine Firma, die längst den Kinderschuhen entwachsen war: „*Langnese*-Honig aus Bargteheide" etablierte sich in den folgenden Jahren endgültig als Synonym für Honig schlechthin.

Auch heute verkörpert *Langnese*-Honig als „das Markenzeichen der Natur" den Gleichklang von Produkt und Marke und beantwortet so die Frage, was den Erfolg großer Marken ausmacht: „Sie finden den Weg zum Herzen des Verbrauchers."

Das Hustenbonbon – EM-EUKAL

Mit der rauhen Jahreszeit werden auch die Stimmen rauh. Meist kommen noch Husten und Atembeschwerden als lästige Begleiter hinzu. Im Jahre 1923 machte der Apotheker und Geheime Kommerzienrat Dr. Carl Soldan eine Erfindung, die seitdem Millionen von Menschen Linderung verschafft hat: das Hustenbonbon *Em-eukal*, so benannt nach seinen Hauptbestandteilen Eukalyptusöl und Menthol. Zwar waren diese Wirkstoffe zur Anwendung bei Bronchialbeschwerden bereits damals schon sehr bewährt. Doch erst durch ihre Einbindung in ein Bonbon hatte Soldan ein Mittel gefunden, Erkältungen angenehm und schnell zu bekämpfen. Gleichgültig, wo man sich befand – zu Hause, in der freien Natur oder am Arbeitsplatz: mit *Em-eukal*-Hustenbonbons machten die Beschwerden einem klaren, frischen Atem Platz.

Carl Soldan war am 4. August 1871 als Sohn eines Kaufmanns in München geboren worden. Nach Abschluß des Studiums und seiner Lehrzeit in mehreren Apotheken, die ihn durch ganz Deutschland und bis in die französische Schweiz führen sollte, eröffnete er 1899 in Nürnberg in dem ein Jahr zuvor erworbenen Haus am Hefnerplatz No. 3 die Medizinal-Drogerie Wittelsbach. Doch zeigte sich schon bald, daß er das Kaufmannsblut in seinen Adern nicht verleugnen konnte. In nur wenigen Jahren erwuchs aus seinem Geschäft eine Großhandlung für Verbandsstoff und Drogeriebedarf.

1925 bot Soldan seine *Em-eukal*-Hustenbonbons als „extra starke Eukalyptus-Bonbons“ an. Schon damals waren sie „nur echt mit der Fahne“. Die Originalrezeptur des *Em-eukal*-Hustenbonbons blieb in all den Jahren seit seiner Einführung unverändert. Unterschiede gab es nur im Anwendungsgebiet. So dienten Hustenbonbons früher nicht allein zur Behandlung von Erkältungen, sondern zur Bekämpfung von Atemwegsbeschwerden ganz allgemein. Bis in die 50er Jahre verschrieben Ärzte den Bergleuten im Ruhrgebiet *Em-eukal*-Bronchialbonbons, die von der Apotheke gegen Rezept kostenlos ausgegeben wurden.

In den 50er Jahren waren die Papiertüten anfangs noch mit den Adressen der „einschlägigen Geschäfte“ versehen. Noch heute sind

Em-eukal-Hustenbonbons überall in Apotheken und Drogerien erhältlich. Diese Treue zum Fachhandel macht sich bezahlt. Bei einer Umfrage 1987 lag *Em-eukal* in der Empfehlungshäufigkeit der Apotheker mit Abstand auf Platz 1. Auch *Kinder Em-eukal*, das milde Vitamin-Hustenbonbon mit Wildkirschgeschmack, das seit 1972 im Handel ist, hat sich inzwischen längst durchgesetzt. Das aber ist nicht zuletzt auf den hohen Stellenwert zurückzuführen, den Apotheker, Drogisten und Verbraucher dem klassischen *Em-eukal*-Hustenbonbon seit vielen Jahrzehnten beimessen.

Der Hut – MAYSER

Gut behütet fühlten sich die Menschen schon vor mehr als 2.000 Jahren wohl. Wer die ersten „Behauptungen" gefertigt hat, liegt im Dunkel der Geschichte. Kein Geheimnis dagegen ist, wer in Deutschland seit fast 200 Jahren die Hutmode bestimmt: Mayser, der Hutmacher für die große Welt.

Wenn genaue historische Kenntnisse fehlen, bilden sich Legenden. So haben auch die Hutmacher zur frommen Erzählung gegriffen und ihren Schutzpatron, den heiligen Clemens, zum Erfinder des Filzes erklärt. Der Legende zufolge bettete der Heilige Werg und Wolle in seine Sandalen, um sich vor Schmerzen zu schützen. Abends in der Herberge aber entdeckte er, daß die Einlage unter dem Einfluß von Feuchtigkeit, Druck und Reibung zu einem festen Tuch zusammengewachsen war. Nach dem gleichen Prinzip wird auch heute noch Filz hergestellt. Doch erst als man im 18. Jahrhundert auf die Idee kam, Kanin- und Hasenhaare durch Beizen mit Säuren und Wasserstoffperoxyd filzbereit zu machen, konnten sie zu Hüten verarbeitet werden.

Napoleon belagerte die Stadt, als im Jahre 1800 der Meister Leonhard Mayser in der Ulmer Sterngasse einen Hutladen nebst Werkstatt eröffnete. Fertigte Mayser zunächst den Zweispitz als bevorzugten Modeartikel, trat diese Fabrikation in den Hintergrund, nachdem die Armee den Tschako eingeführt hatte und der Zweispitz nur noch zur Uniform der Diplomaten und hohen Staatsbeamten gehörte. Dafür brachte die Herstellung von runden Hüten und Zylindern dem jungen Unternehmen Arbeit und Brot.

Der Durchbruch aber kam in den 40er Jahren mit der Heraufkunft des Filzhuts. Anfangs politisch anrüchig und von der Polizei verfolgt, legte er seine Staatsgefährlichkeit ab, als selbst Fürst Bismarck sich zu ihm bekehrte.

1872 beschäftigten „F. Mayser & Sohn" bereits 200 Arbeiter in ihrem Betrieb. Während im 19. Jahrhundert die Hutherstellung in Handarbeit erfolgte, wird sie später von Maschinen unterstützt. Doch immer noch sind zahlreiche Arbeitsgänge erforderlich, bis aus Kanin- und Hasenhaar ein Filzstumpen entsteht. Und ihn zu einem *MAYSER*-Hut zu formen, bleibt auch in Zukunft eine Kunst.

Nach dem Zweiten Weltkrieg wurde der *MAYSER*-Hut zum unverzichtbaren Statussymbol: Mit Hut war man mehr. Im Rekordjahr 1963 verarbeitete Mayser pro Tag das Haar von 20.000 Kaninchen zu Filzhüten. In jüngerer Vergangenheit weitete Mayser sein Programm auf Hüte und Mützen aus Leder, Pelz und Stoff sowie Kopfbedeckungen für den Freizeitbereich aus. Mit dieser Strukturmaßnahme konnte der branchenbedingte Nachfragerückgang bei Filzhüten erfolgreich aufgefangen werden, so daß Mayser heute dem 200. Firmenjubiläum gelassen entgegensieht.

Die Isolierkanne – ALFI JUWEL

Heißes soll bei Kälte warmbleiben, Kaltes sich bei Wärme nicht erhitzen: Gefäße, die dieses kleine Wunder vollbringen, gab es bereits im letzten Jahrhundert. Der englische Chemiker James Dewar hatte sie erfunden. Doch wiesen diese sogenannten „Dewar-Gefäße" für den alltäglichen Gebrauch einen entscheidenden Nachteil auf: Sie waren zur Aufbewahrung von Nahrungsmitteln untauglich. Auf Anregung des Berliner Eismaschinen-Fabrikanten Karl von Linde entwickelte Reinhold Burger darum ein doppelwandiges Gefäß, für das er am 1. Oktober 1903 das Patent erhielt. Aus dieser Idee heraus, für die Burger den Begriff „Thermos" gerichtlich schützen ließ, entstanden die ersten Isolierflaschen für den Hausgebrauch.

Marktführer im Bereich hochwertiger Isoliergefäße für den gedeckten Tisch, Küche, Picknick und Party ist heute in Deutschland die alfi Zitzmann GmbH. Der Produktname *alfi*, unter dem die Firma nun seit über 80 Jahren ihre Erzeugnisse in den Handel bringt, leitet sich ab aus der Werkstoffbezeichnung Aluminium und dem Namen des Gründungsortes Fischbach. Seinen hervorragenden Ruf aber verdankt das Unternehmen vor allem einem Produkt: der Isolierkanne *Juwel*. Mit diesem Modell ist alfi eine perfekte Symbiose praktischer und ästhetischer Zielsetzungen geglückt.

Herzstück der *Juwel* ist der *alfi*-Hartglaseinsatz. Er besteht aus zwei Teilen, dem Innen- und dem Außenkolben. Beide sind nur im Halsbereich miteinander verbunden, um einen wärmeschützenden Hohlraum zu erreichen. Die Innenseiten der Kolben, die den Hohlraum bilden, sind silberverspiegelt. Dadurch wird die Reflexion der Wärmestrahlung auf ernährungsphysiologisch einwandfreie Weise optimiert. Da luftleerer Raum die Wärmeübertragung weiter vermindert, wird in einem speziellen Produktionsgang die Luft aus dem Außenkolben abgesaugt.

Die glänzende Metall-Außenhülle der *Juwel* gibt es in fast jeder erdenklichen Ausführung. Ob aus verchromtem Messing, als versilberte, vergoldete, lackierte oder auch als Aluminium-Version – sie ist nicht nur Schmuck für den gepflegten Tisch, sondern schützt auch das Innenleben der Kanne vor Stößen und Schlägen. Der

Kannenkörper in *alfi*-Superfinish-Qualität weist auch nach jahrelangem Gebrauch keine Rostflecken auf. Heute umfaßt das Artikelangebot von alfi nèben Isolierkannen und -flaschen auch Eis- und Speisegefäße sowie Spezialkühler in den verschiedensten Ausführungen: vergoldet und versilbert, aus Kupfer und aus Messing, in modischen Farben lackiert und aus schlagfesten Kunststoffen. Stets aber steht der Name alfi für Spitzendesign und perfekte Funktion – eine Symbiose, die mit dem Modell *Juwel* zum Maßstab hochwertiger Isoliergefäße wurde.

Ob in Deutschland, Österreich oder den Benelux-Ländern: Wer das Land liebt, liebt auch *Landliebe*. Die bekannte Produktserie mit diesem wohlklingenden Namen hat ihre Wurzeln tief im Schwäbischen. Als im Stuttgart des Jahres 1917 die Milchversorgung Stuttgart GmbH durch die Stadt Stuttgart und den örtlichen Milchhandel gegründet wird, ahnt allerdings noch niemand, welch großer europaweiter Einfluß auf die Vermarktung von Milcherzeugnissen später von der schwäbischen Metropole ausgehen soll. Statt in die ferne Zukunft zu träumen, hieß es erstmal – typisch schwäbisch – schaffe, schaffe ...

1926 wird in der Rosensteinstraße der Milchhof Stuttgart eröffnet. Bereits vier Jahre später erfolgt ein Schritt mit großem unternehmerischem Weitblick: Am 13. August 1930 gründen mit je einem Drittel Anteil die Stadt Stuttgart, der Milchhandel und die Landwirtschaft die Württembergische Milchverwertung AG. Schon 1933 erfolgt die Verschmelzung der Milchversorgung Stuttgart GmbH mit der neuen Aktiengesellschaft. In den folgenden Jahren wächst das Unternehmen durch die Erweiterung des Einzugsgebietes und durch die Errichtung von Zweigbetrieben stetig.

Es hat sich viel getan in der Entwicklung der Württembergischen Milchverwertung AG, und trotz erheblicher Rückschläge, wie schwere Bombenschäden in den Jahren 1943 und 1944, gelingt es dem Unternehmen, die Bevölkerung zu versorgen. Doch ab den 50er Jahren geht es wieder aufwärts. 1953 wird das Wort „Südmilch" in den Firmennamen aufgenommen. In den folgenden Jahren werden neue Milchwerke aufgebaut, es wird wieder so richtig schwäbisch „geschafft". Mitte 1965 verfügt das Unternehmen mit 10 Fahrzeugen bereits über einen besonderen Zustelldienst – Frischdienst – für Quark, Joghurt und Schlagrahm.

Heute ist die Campina AG europaweit aktiv und bekannt als Marke für viele Molkereibasisprodukte aus frischer Milch, von denen ein jedes auf seine Weise die gesunde Ernährung unterstützt. Doch Premiummarke der Südmilch ist die für besonders hohe Qualität stehende *Landliebe*. Die rahmig-frische *Landliebe*-Milch stammt von ausgewählten Bauernhöfen, die den strengen Anforde-

rungen gerecht werden. Ein ausgeklügeltes Kontrollsystem und besondere Zutaten bürgen ebenso für die hohe Qualität von *Landliebe* wie eine sorgfältige Zubereitung und spezielle Verpackungen. So reift beispielsweise der kleine, herrlich stichfeste *Landliebe*-Fruchtjoghurt in 150-g-Gläschen. Den so stilecht verpackten Joghurt gibt es u.a. mit den schmackhaften Obstsorten „Walderdbeeren" und „Gute-Luise-Birnen". Ebenfalls zum Sortiment gehört naturmilder Joghurt und Fruchtjoghurt, der mit jeweils 500 g im „wiederentdeckten" Pfandglas angeboten wird.

In Deutschland ist Kaffee mittlerweile, noch vor Bier, das meistgetrunkene Genußmittel. Doch bis hierher war es ein weiter Weg, zumal unsere Vorfahren einige Zeit benötigten, bis sie den stimulierenden Extrakt der braunen Bohnen in ihren Kulturkreis aufnahmen.

Denn die Wildpflanze „Coffea arabica“, auf die praktisch alle heute gängigen Kaffeesorten zurückgehen, stammt aus dem afrikanisch-arabischen Raum, wo sie vermutlich ab dem 11. Jahrhundert domestiziert und kultiviert wurde. Erst mit dem Beginn der Kolonialisierungen, also ab dem 16. Jahrhundert, gelangte der Kaffee von dort nach Europa. Schließlich erreichte das schwarze Getränk auch das kolonial kaum engagierte Deutschland, wo sich beispielsweise das erste Kaffeehaus in Berlin erst 1721 etablierte.

Allerdings trafen die ersten gerösteten Kaffeebohnen bereits 1670 in Hamburg ein. Und hier, in den deutschen Hansestädten entwickelte sich auch der Handel mit dem neuen Luxusgetränk. In Bremen öffnete denn auch vor mehr als einhundert Jahren, am 15. Januar 1895, Johann Jacobs sein „Specialgeschäft in Caffee, Thee, Cacao, Chocoladen, Biscuits“. Was hieraus wurde, weiß (fast) jeder Deutsche: Denn mit dem Namen JACOBS assoziieren heute 99 Prozent der Bundesbürger „Kaffee“.

Mit eigenem Röstbetrieb und mithin gleichbleibend gutem Geschmack gelang es der Familie Jacobs schon vor dem Zweiten Weltkrieg, unter die vier größten deutschen Röster aufzusteigen. Doch das Wirtschaftswunder im Wortsinne folgte erst viel später: Die 1966 eingeführte *KRÖNUNG* machte Jacobs Café mit knapp 30 Prozent Anteilen bald zum unangefochtenen Marktführer.

Mit der *KRÖNUNG* als wiedererkennbare Marke reagierte JACOBS vor allem auf das Aufkommen moderner Supermärkte mit Selbstbedienung – um nicht in der Warenflut unterzugehen, mußte hier das Produkt durch Name und Verpackung für sich selbst werben. Und dies gelang der Marke „mit dem unverwechselbaren Verwöhn-Aroma“. Karin Sommer, die Frau von nebenan, etablierte als die Werbefigur der 80er Jahre die weitbekannte Botschaft: „Mühe allein genügt nicht. Wenn's drauf ankommt, muß es schon

der Beste von Jacobs Café sein.“ Mit den Neueinführungen der 90er Jahre, *KRÖNUNG* light, *KRÖNUNG* free und *KRÖNUNG* mild, ist aus der *KRÖNUNG* inzwischen eine Produktfamilie geworden. Sie steht in Deutschland für Kaffeegenuß, bei jungen genauso wie bei älteren Kaffeeliebhabern.

Heute zählt die *KRÖNUNG* zweifellos zu den traditionsreichsten Markenartikeln der deutschen Wirtschaftsgeschichte – und zu den erfolgreichsten allemal: Innerhalb des deutschen Einzelhandels ist sie bis heute die umsatzstärkste Marke.

Die Kaffee-Filtertüte – MELITTA 1x4

Deutsche Kultur und deutscher Kaffee sind untrennbar miteinander verbunden. Bach hat dem schwarzen Trank eine Kantate gewidmet, und der große Philosoph Immanuel Kant war ein so leidenschaftlicher Kaffeeliebhaber, daß er eine Tasse des anregenden Heißgetränks stets mit dem Ruf begrüßte: „Ich sehe Land!"

Da kann es nicht verwundern, daß eine deutsche Hausfrau die weltweit verbreitete Art der Kaffeezubereitung erfand. Am 8. Juli 1908 trug das Kaiserliche Patentamt in Berlin eine Anmeldung in seine Bücher ein, die die Kaffeezubereitung buchstäblich von Grund auf revolutionieren sollte. Frau Melitta Bentz hatte es immer gestört, daß beim Aufbrühen ein unbekömmlicher Satz in der Tasse den Kaffeegenuß trübte. Sie sperrte ihn einfach aus, indem sie das Kaffeemehl von dem fertigen Heißgetränk absonderte. Ein Löschblatt aus dem Schulheft ihres ältesten Sohnes und eine perforierte Blechdose waren das erste Filterpapier und der erste Filterkörper der Welt. Das Prinzip moderner Kaffeezubereitung war gefunden.

Noch im selben Jahr gründeten Melitta und Hugo Bentz eine Firma, um sich fortan der ständigen technischen Verbesserung dieser einfachen Grundkonzeption zu widmen. Über den „Ur-Filter" mit rundem Papier und Durchlaß, der zwei Jahre später auf der Internationalen Hygieneausstellung in Dresden eine Medaille errang, ging der Weg zum 1936 patentierten konischen Schnellfilter mit schlitzförmigem Boden und genau passender „Filtertüte". Hieran sollte sich bis in die Gegenwart nichts Wesentliches mehr verändern. Die Filtertüte von Melitta ist heute, kenntlich an der seit 1925 firmentypischen rot-grünen Verpackung, im Verkaufsregal eines jeden Warenhauses und Supermarkts zu finden.

Bedurfte die Filtertüte selbst keiner grundlegenden Verbesserung mehr, kamen mit dem 1966 eingeführten 1x-Filtersystem jedoch neue Filter- und Tütengrößen auf den Markt. Die *Melitta 1x4*-Tüte stellte sich dabei mit der Zeit als die gebräuchlichste Größe im Haushalt heraus.

Aus dem kleinen Handwerksbetrieb der Kaiserzeit ist eine seit 1929 in der „Kaffeestadt" Minden ansässige Unternehmensgruppe geworden, in der eine ganze Produktpalette rund um den Kaffee

entstand. Vom gemahlenen und vakuumverpackten Kaffeepulver – gleichfalls eine Melitta-Erfindung – über Filtriergeräte und Kaffeeautomaten bietet Melitta dem Kunden alles, wodurch Kaffeetrinken zum Genuß wird.

Vielfach wird heute der Kaffee nicht mehr von Hand aufgegossen, sondern mit der Kaffeemaschine bereitet – gefiltert aber wird er immer noch nach dem Prinzip einer einfachen Dresdner Hausfrau von 1908. Dank ihrer Erfindung ist der Name *Melitta* heute überall auf der Welt der Inbegriff deutscher Kaffeekultur.

„Was ißt die Menschheit unterwegs? Na selbstverständlich ‚Leibniz Cakes'!" So begann der Text einer Zeitungsannonce im Jahr 1898. „Cakes" hieß es damals noch, denn das uns heute so geläufige Wort Keks wurde zwar 1911 durch Hermann Bahlsen eingeführt, aber erst 1915 offiziell in den Duden aufgenommen. Hermann Bahlsen, Gründer der „Hannoverschen Cakes-Fabrik", hatte sich mit seiner sprichwörtlichen Dickköpfigkeit gegen die Sprachwissenschaftler durchgesetzt.

Ursprünglich jedoch hatte der Exportkaufmann H. Bahlsen mit Keksen gar nichts im Sinn, und es ist einem Zufall zu verdanken, daß er zum größten „Plätzchenbäcker" der Nation wurde. Im Zuckerhandel für eine englische Firma tätig, lernte er die Bedeutung des Produktes „Cakes" kennen und erkannte die Chance für feine Kekse in der Heimat. Über die Geschäftsanteile seiner Mutter nahm er Einstieg in das Fabrikgeschäft „Englische Cakes und Biskuits", das einem Herrn Schmuckler gehörte.

Deutsches Kleingebäck gab es nur in sehr einfacher Art, und es spielte im Lebensmittelhandel kaum eine Rolle. H. Bahlsen erkannte die Marktlücke und wurde kurzerhand Teilhaber in Herrn Schmucklers Unternehmung. Nach einem Jahr zahlte er diesen aus und gründete am 1. Juli 1889 die „Hannoversche Cakes-Fabrik H. Bahlsen". Seine Idee war es, einen hochwertigen deutschen Keks herzustellen, schmackhaft, haltbar und preisgünstig.

Ab 1891 wird der „H.C.F.-Butter-Cakes", mit dem H. Bahlsen bereits im ersten Jahr die Goldmedaille auf der Nahrungsmittelausstellung in Brüssel gewann, vertrieben. Das Rezept wurde sorgfältig gehütet, nur H. Bahlsen und seine Mutter durften die Mischung vornehmen. Nicht nur der feine Buttergeschmack, auch die Tütenverpackung war völlig neu; Kleingebäck wurde bis dato meist aus Tonnen und Kisten lose verkauft. 1892 taufte H. Bahlsen seinen Butterkeks nach dem berühmten Philosophen Gottfried Wilhelm Freiherr von Leibniz. Auf der Weltausstellung in Chicago erhielt der *Leibniz*-Cakes 1893 die „Höchste Auszeichnung".

1904 wurde das TET-Zeichen auf die Packung gedruckt. Dieses altägyptische Wort bedeutet „ewig, dauernd". Die neue, patentierte

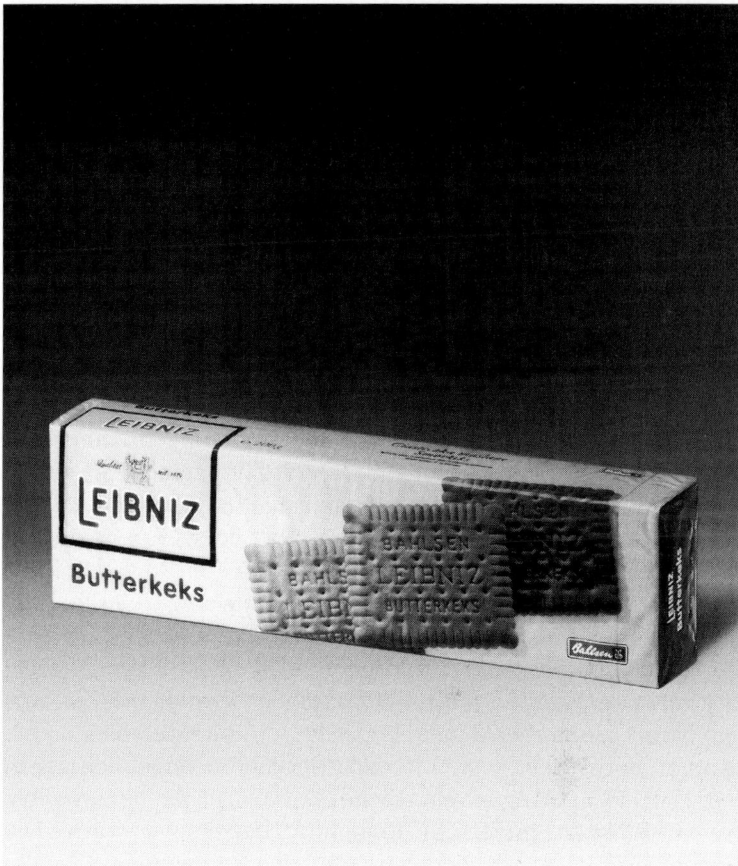

TET-Packung garantierte Frische und Knusprigkeit über lange Zeit. 1927 wurde dem TET-Zeichen noch der Bahlsen-Schriftzug in Form der Originalunterschrift Hermann Bahlsens hinzugefügt. Seit 1962 ist diese Kombination das unverwechselbare Markenzeichen des Hauses Bahlsen.

Als einer der ältesten und bekanntesten deutschen Markenartikel hat sich der *Leibniz*-Butterkeks mit neuen Varianten und Ideen stets dem Wandel der Zeit angepaßt. So kann man auf die weitere Entwicklung der Marke *Leibniz* gespannt sein.

Der Klarsichtklebefilm – TESAFILM

Die Erfolgsgeschichte von *tesafilm* begann mit einem gründlichen Mißerfolg. Als Ende des letzten Jahrhunderts der Apotheker Dr. Oskar Troplowitz das Labor seines Kollegen Beiersdorf übernahm, war sein Ziel ein Pflaster, das sowohl schnell und gut kleben als auch hautverträglich sein sollte. Er fand eine Klebemasse, die zwar vorzüglich haftete, aber die Haut reizte und darum nicht zur Wundversorgung taugte. Troplowitz versuchte, aus der Not eine Tugend zu machen: 1896 führte er sein „Citoplast" genanntes Produkt als erstes technisches Klebeband auf dem deutschen Markt ein – „zum Abdichten beschädigter Pneus bei Velos". Doch Erfolg war diesem Zufallsprodukt noch nicht beschieden.

Ebensowenig vom Erfolg verwöhnt war zunächst auch der Produktname. „Tesa" war im Jahre 1907 eine tüchtige Sekretärin namens Elsa Tesmer. Aus den Anfangsbuchstaben ihres Nachnamens und dem Endbuchstaben ihres Vornamens war der Begriff entstanden. Doch schien „Tesa" den Produkten, die das Haus Beiersdorf unter dieser Bezeichnung vertrieb, wenig Glück zu bringen. Kaum einer denkt heute noch bei dem Namen an eine Zahnpastatube oder an ein Konservierungsmittel für Wurstwaren. Der Erfolg stellte sich erst ein, als das richtige Produkt und der richtige Name zusammenkamen. Versuche, ein transparentes Klebeband zu entwickeln, waren in den 20er Jahren vergeblich gewesen. Erst 1935 gelang es, ein solches Band aus Folie herzustellen, das zunächst als „Beiersdorf Klebefilm" bezeichnet wurde. Die Neuentwicklung wurde jedoch bald auf den Namen *tesa*-Klebefilm getauft, aus dem 1941 die prägnante Kurzformel *tesafilm* abgeleitet wurde.

Heute weiß jedes Kind: *tesafilm* ist das hochtransparente Klebeband für Haushalt und Büro, auf das niemand mehr verzichten will. *tesafilm* hilft Päckchen packen, *tesafilm* heftet Zettel an den richtigen Ort, *tesafilm* bringt auf dezente Weise Risse zum Verschwinden. Und damit *tesafilm* das Leben in Zukunft noch leichter macht, bietet Beiersdorf seit 1993 zwei Spezialprodukte, die unter Umweltaspekten neu überarbeitet wurden: den *tesa Multifilm*, ein Universalprodukt für alle Anwendungen in Büro und Haushalt, und

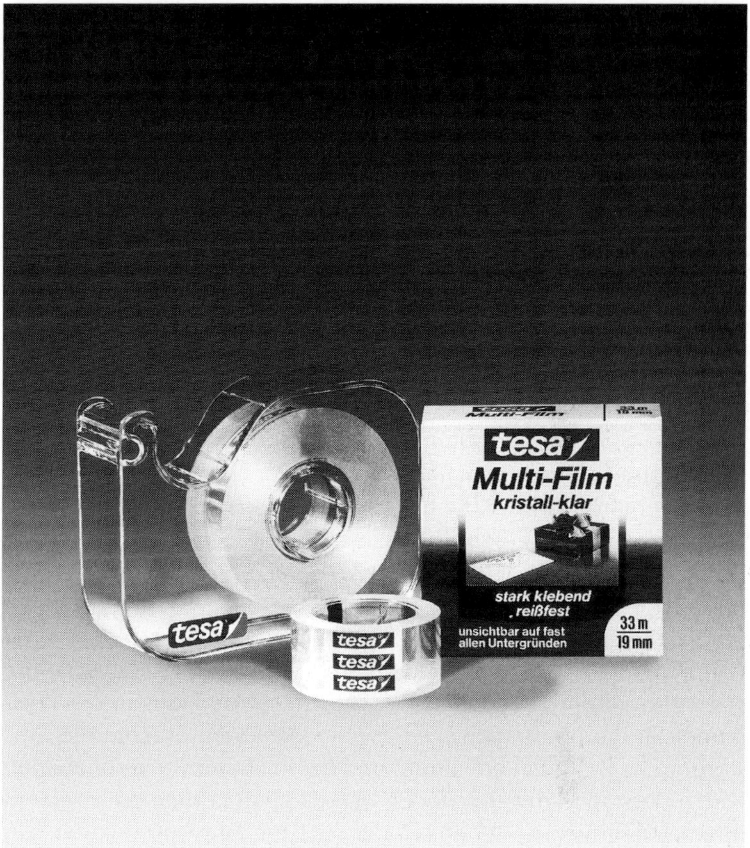

den *tesa-Dokumentenfilm,* ein unsichtbarer und beschriftbarer Spezialist für weißes Papier. Als Erweiterung des *tesa*-Programms präsentieren sich die *tesa*-Notes, mit denen schriftliche Botschaften schnell übermittelt werden können.

Schon bald nach der Einführung von *tesafilm* wurde mit diesem Produktnamen alles bezeichnet, was als Klebeband mit transparenter Folie auf den Markt kam. Deshalb lag es für Beiersdorf nahe, das Potential des Markenartikels zu nutzen: Heute umfaßt die *tesa*-Produktfamilie über 800 Artikel.

„Musik ist höhere Offenbarung als alle Weisheit und Philosophie." Wohl keine Firma hat mehr dazu beigetragen, die von Ludwig van Beethoven so gepriesenen Töne dem Musikfreund zugänglich zu machen wie die Deutsche Grammophon Gesellschaft.

Am 29. September 1887 erhielt Emil Berliner, der 1898 Firmengründer der Deutschen Grammophon in Hannover wurde, ein Patent für seinen „Apparat für Schallschwingungen in Flachschrift". Seine flache Schallplatte war gegenüber der 1877 von Thomas Alva Edison vorgestellten Phonographen-Walze sehr viel verschleißfreier und konnte darüber hinaus vervielfältigt werden: Berliner hatte einen neuen Industriezweig eröffnet.

Erster Plattenstar der Deutschen Grammophon wurde Fedor Schaljapin: Er hatte zunächst Angst, mit der Aufnahme seine Stimme zu verlieren, und soll sich auch später noch vor jeder Aufnahme bekreuzigt haben. Doch er sowie spätere Opernstars wie Enrico Caruso und Nellie Melba trugen dazu bei, das neue Medium der seriösen Kunst zu öffnen.

Nach dem ersten Weltkrieg zog die Deutsche Grammophon AG von Hannover nach Berlin um. Am 25. Oktober 1923 wurde die erste deutsche Rundfunksendung aus dem Vox-Haus in der Potsdamer Straße übertragen. Der zweite Weltkrieg brachte die Zerstörung der Berliner Verwaltung und der in Hannover verbliebenen Fertigungsstätten mit sich. Doch bereits 1948 konnte die Firma zu ihrem 50jährigen Bestehen wieder auf eine Jahresproduktion von 1,79 Millionen Tonträgern verweisen.

Der Deutschen Grammophon ist es stets gelungen, die größten Solisten, Orchester und Dirigenten der Zeit für bedeutende Aufnahmen zu verpflichten. Das galt schon 1913, als Arthur Nikisch erstmals die 5. Symphonie von Beethoven komplett aufnahm. Es galt auch in den 80er Jahren, als sich Leonard Bernstein und Vladimir Horowitz für die Deutsche Grammophon auf schon legendären Aufnahmen verewigten. Vor allem aber ist der Name Deutsche Grammophon mit Herbert von Karajan verbunden, der schon 1938 als junger Dirigent an der Berliner Staatsoper seine erste Schallplattenaufnahme machte und mit den Berliner Philhar-

monikern bis zu seinem Tod im Jahre 1989 einen in seiner Vielfalt und Qualität einzigartigen Reichtum an Tonträgern aufgezeichnet hat. Auch zur Einführung der digitalen Compact Disc hat er durch seine hohen Ansprüche wesentlich beigetragen.

Auch heute wird die lange Tradition der ältesten deutschen Schallplattenfirma – ob mit den Philharmonikern unter der Leitung von Karajan-Nachfolger Claudio Abbado oder mit anderen berühmten Interpreten wie Anne-Sophie Mutter, John Eliot Gardiner, Pierre Boulez und vielen anderen – adäquat fortgesetzt.

Manche Dinge erwecken den Anschein, als gäbe es sie schon immer. Tag für Tag sind sie in Gebrauch, und niemand verfällt auf den Gedanken, es könnte anders sein. Zu diesen Dingen gehörten bis in die späten 60er Jahre die Alleskleber. Abgefüllt in Tuben, hatten sie Jahrzehnte in Haushalt und Büro nützliche Dienste geleistet. Doch gerade auf ihrem größten Anwendungsgebiet, beim Kleben von Papier und Pappe, sorgten sie regelmäßig für Ärger. Verunreinigte Vorlagen und verklebte Finger konnten nicht die beste Lösung sein.

Am 22. 9.1969 präsentierten die Henkel-Werke eine absolute Neuheit auf dem Klebemarkt. Das Düsseldorfer Unternehmen hatte sich eine Erfindung patentieren lassen, die auf den ersten Blick wie ein Lippenstift aussah. Doch statt Rouge enthielt dieser Stift eine feste Klebemasse, die sich nach dem Lippenstiftprinzip aus der Hülse herausdrehen ließ. Sein Name war *Pritt*, der erste Klebestift der Welt.

Pritt machte eine völlig neue Art des Klebens möglich: Eine Drehung am Stift, und mit einem Strich war die Klebemasse aufgetragen. Schnell, sicher, sauber und sparsam ließen sich nun zwei Seiten aneinanderheften, Fotos in Alben einkleben und Adressen auf Paketen anbringen.

Das Haus Henkel war vom Erfolg dieses Klebestifts von Anfang an fest überzeugt. In allen großen deutschen Zeitschriften wurde eine Anzeigenaktion mit einer Gesamtauflage von 120 Millionen Exemplaren geschaltet, während die Fernsehwerbung in zwei Monaten 115 Millionen Verbraucheransprachen erzielte. Nicht weniger intensiv wurde *Pritt* beim Einzelhandel eingeführt.

Trotz eines Starts mit 500.000 Stiften reichten die Kapazitäten kurze Zeit später schon nicht mehr aus. Seit seinem ersten Auftritt im Jahre 1969 bis heute ist er ununterbrochen Marktführer geblieben. In Büro und Haushalt hat er sich einen festen Platz erobert.

Dieser enorme Erfolg ließ die Konkurrenz nicht ruhen. Nur ein Jahr nach der Einführung von *Pritt* kamen drei weitere Wettbewerber mit eigenen Klebestiften auf den Markt. Um den Marktvorsprung zu halten, entwickelte Henkel sowohl die Produktqualität wie auch die Verpackung ständig bedürfnisgerecht weiter. Der

Packungsinhalt wuchs von ursprünglich 6 auf wahlweise 10, 20 oder 40 Gramm. Der lösungsmittelfreie Stift bindet sauber und schnell ab und erlaubt somit umweltgerechtes Kleben. Er hat den Rang des Qualitätsführers unter den Klebestiften inne.

Seit 1969 konnten in über 80 Ländern der Welt mehrere 100 Millionen *Pritt*-Stifte verkauft werden. Damit ist *Pritt* zugleich der meistverbreitete Klebstoff im Bürobereich. Ein Beweis dafür, daß auch Altbewährtes sich durchaus verbessern läßt.

Die Kleinstbildkamera – MINOX

Für gute Fotos braucht man eine gute Kamera. Aber wie groß muß eine gute Kamera sein? Diese Frage stellte sich in den dreißiger Jahren der Deutschbalte Walter Zapp, der damals in Estland lebte. Er fand alle üblichen Fotoapparate zu groß und zu unhandlich. Nur kurze Zeit später sollte Zapp selbst die noch heute gültige Antwort auf seine Frage geben – in Gestalt der ersten *MINOX*, der zugleich ersten voll funktionstüchtigen Kleinstbildkamera der Welt. Bei der Gestaltgebung orientierte sich Zapp in erster Linie an einer zweckmäßigen Handhabung. Das Ergebnis wich so stark von allen üblichen Fotoapparaten ab, daß es bei der Markteinführung schwer fiel, das elegante kleine Ding aus Edelstahl überhaupt als Kamera kenntlich zu machen.

Die erste *MINOX* wurde unter Zapps Leitung 1938 in einem großen elektrotechnischen Werk der lettischen Hauptstadt Riga hergestellt. Obwohl sich seitdem die technische Entwicklung förmlich überstürzte, zeigt die *MINOX*-Kleinstkamera auch heute noch dieselbe technische und stilistische Grundgestaltung wie jene erste *Rigaer MINOX* vor mehr als 50 Jahren, die inzwischen zu einem begehrten Sammelobjekt in aller Welt geworden ist.

Die Wirren des Zweiten Weltkriegs zwangen Walter Zapp ins besetzte Deutschland. Schon im Herbst 1945, ein halbes Jahr nach Kriegsende, wurde die Firma MINOX GmbH in Wetzlar gegründet. Sie hatte insbesondere die Herstellung und den Vertrieb der *MINOX*-Kleinstkamera zum Ziel, eines in den Grundzügen unveränderten, aber in allen Details wesentlich verbesserten Modells. Vor allem wog die *MINOX* A, die ab 1948 in Serie ging, mit ihrem Gehäuse aus mattsilbrig eloxiertem Leichtmetall auffallend weniger als das Vorkriegsmodell aus Edelstahl.

Die heutige Spitzenversion der klassischen *Minox*-Kleinstkamera ist die *MINOX TLX*. Wie alle Vorgängermodelle hat sie das Negativformat 8 x 11 mm. *MINOX*-Filme in Tageslicht-Doppelkassetten gibt es für Dia-, Color- und für Schwarzweißfotos. Das für seine Schärfe berühmte *MINOX*-Objektiv 3,5/15 mm sorgt dafür, daß die hohe Leistungsfähigkeit des Marken-Filmmaterials auch in starker Vergrößerung voll genutzt wird.

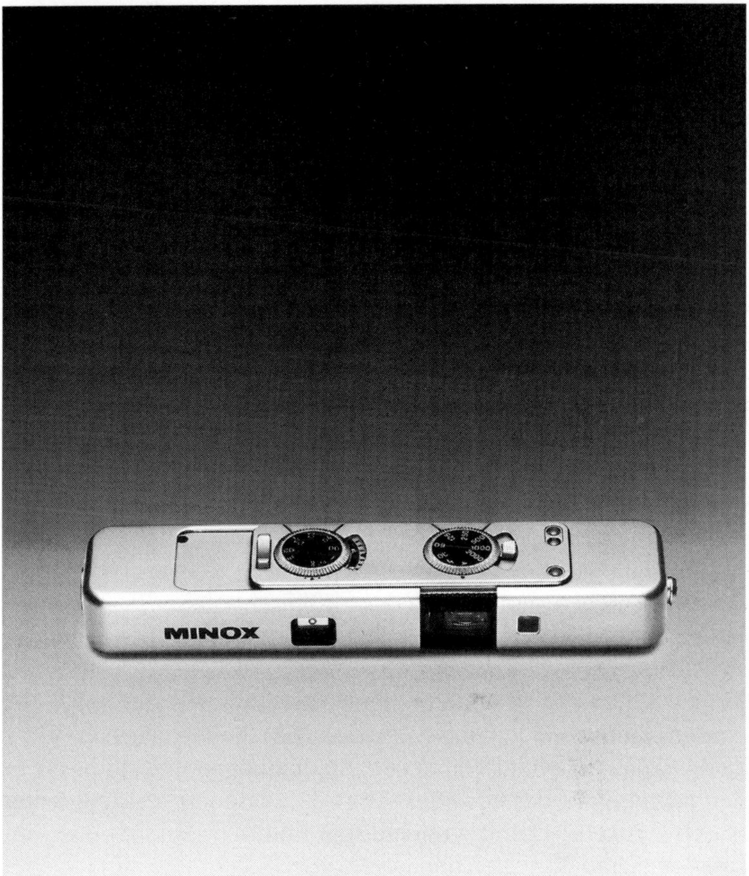

Die *MINOX TLX* kann ohne Zusatzgeräte bis 20 cm Nähe scharfe, kontrastreiche Aufnahmen machen. Dies brachte ihr nicht nur die Zuneigung von Naturfotografen ein, sondern auch von Geheimagenten. Letztere schätzen an diesem kleinen Wunderwerk optischer, feinmechanischer und elektronischer Präzision besonders die Möglichkeit, Schriftstücke schnell und unaufwendig in hoher Qualität zu fotografieren. Was freilich nichts daran ändert, daß die meisten *MINOX*-Kleinstkameras von ganz normalen, friedliebenden Menschen gekauft und benutzt werden.

Als im Jahre 1796 ein berittener französischer Korporal die Zahl 4711 an eine Hauswand schrieb, ahnte wohl niemand, welch weltweite Berühmtheit diese Ziffernfolge erlangen sollte. Unter der Besetzung Kölns durch die Franzosen erging die Anordnung, alle Häuser der Stadt fortlaufend zu numerieren. Das Haus Mülhens in der Glockengasse erhielt die Nummer 4711.

Vier Jahre zuvor, man schrieb den 8. Oktober 1792, feierte Wilhelm Mülhens, Sohn einer angesehenen Bankiersfamilie, seine Hochzeit. Unter den Gaben befand sich ein altes Pergament, ein Geschenk des Kartäusermönches Franz Carl Gereon Maria Farina, mit der Rezeptur für ein „aqua mirabilis"-Wunderwasser. Schon bald errichtete Wilhelm Mülhens in seinem Haus eine kleine Manufaktur zur Herstellung dieses wohlriechenden Destillats und verkaufte es als *Kölnisch Wasser* mit der Bezeichnung „Franz Maria Farina – in der Klöckergasse No. 4711 in Cöln a. R.". Es erwies sich als klug, die Zahl 4711 besonders herauszustellen, gab es doch zeitweilig mehr als 50 verschiedene Kölnisch-Wasser-Produzenten in der Stadt, die fast alle unter „Farina" firmierten.

Auf die Idee, die Hausnummer zum Markenzeichen seines Kölnisch Wassers zu erklären, kam allerdings erst der Enkel des Firmengründers, Ferdinand Mülhens. 1881 ließ er die Zahl *4711* als Markenzeichen ins Handelsregister eintragen und stellte sie in den Mittelpunkt des von ihm selbst entworfenen blau-goldenen Flaschenetiketts. Damit erreichte sein Kölnisch Wasser einen Bekanntheitsgrad ohnegleichen.

Schon Mitte des vorigen Jahrhunderts war die Nachfrage nach dem Duftwasser aus der Glockengasse 4711 auf der ganzen Welt angestiegen. In New York und Riga wurden eigene Fabriken errichtet. Der kluge Einsatz moderner Werbe- und Verkaufsmethoden führte dazu, daß *4711* trotz schwerer Verluste durch die beiden Weltkriege nach wie vor ein Inbegriff des „Made in Germany" ist.

Bis heute ist die Komposition von *4711 Echt Kölnisch Wasser* geheim. Beinahe jedoch wäre die geheime Zusammensetzung an die Öffentlichkeit gelangt, als Napoleon 1810 die Preisgabe aller Rezepturen für Heilmittel dekretierte, um sie den Armen zugäng-

lich zu machen. Doch die Zunft der *Kölnisch-Wasser*-Manufakturen entging findig dieser Verfügung: sie erklärte ihre Destillate nicht mehr als Heilwasser, sondern als reines Duftwasser. So wurde das Geheimnis von *4711* gewahrt.

Mit der Einführung verschiedener Körperpflegeartikel wurde der Urnutzen der Marke – nämlich Erfrischung – in jüngster Zeit konsequent erweitert. Doch sowohl der erfrischende Geruch wie auch die eindeutige Gestaltung lassen stets erkennen, daß es sich hierbei um Produkte von *4711 Echt Kölnisch Wasser* handelt.

Der Kontaktkleber – PATTEX

Kleben konnte schon der prähistorische Mensch. Aus Knochen und Leder kochte er sich seinen Leim, der aber längst nicht so haltbar war wie die heutigen synthetischen Klebstoffe.

Eine besondere Form der modernen Klebtechnik ist das Kontaktkleben. Dabei trägt man den Klebstoff nicht einseitig auf, sondern beide zu verbindenden Flächen werden mit dem Klebstoff bestrichen. Nachdem sich der Klebstoff trocken anfühlt (ca. 15 Min. später), werden beide Teile unter hohem Druck zusammengefügt. Die Haftung ist ungleich höher als bei den herkömmlichen Verfahren.

1956 entwickelte Henkel aus dem Industriebereich seinen ersten Kontaktkleber, das flüssige *Pattex*. Die 100-g-*Pattex*-Dose, verpackt in einem Holzblock, wurde damals als Muster an jeden Schreiner ausgegeben, und der neue Klebstoff fand schnell in vielen Sparten des Handwerks Verwendung.

Ein neuer Markt eröffnete sich in den sechziger Jahren. „Do-it-yourself" hieß die Devise, mit der die Bewegung der Hobby- und Heimwerker immer neue Anhänger fand. Henkel plazierte den Kontaktkleber vor allem im Hausrat- und Eisenwarenhandel, um ein breites Publikum anzusprechen. Die herkömmliche Verpackung, eine Dose, wurde entsprechend der neuen Zielgruppe ergänzt. Mit dem Schritt zur Tube sicherte sich *Pattex* zunehmend Anteile am traditionellen Allesklebermarkt. Plakate zeigten *Pattex* mit Holz, Glas, Filz, Kunststoff, kurz allem, was zu kleben war. Diese Vielseitigkeit stärkte den Eindruck beim Verbraucher, daß der neuartige Kontaktkleber mehr leisten konnte als die geläufigen Alleskleber. Seit Ende der sechziger Jahre gilt *Pattex* als Inbegriff des Kraftklebens.

Spektakuläre Aktionen in der Fernsehwerbung stellten die Kraft des Allesklebers unter Beweis: 1973 liftete ein Hubschrauber ein Haus in die Höhe, allein gehalten von *Pattex compact*. Kein Wunder, daß *Pattex* beim Verbraucher immer mehr mit „absoluter Festigkeit" assoziiert wurde.

Das neu entwickelte tropffreie *Pattex* erlaubte ein „sauberes Kraftkleben". Seine Konsistenz ermöglichte es, das zwangsläufige

Abtropfen, zum Beispiel an senkrechten Flächen, beim Kleben zu vermeiden. Schon Anfang der siebziger Jahre war es Henkel gelungen, mit *Pattex Spezial* einen Kontaktkleber zu präsentieren, der einen überragenden Ersatz für das bis dahin übliche *Pattex* mit Härter bot. Er war bis 130 Grad Celsius wärmestabil.

Seit 1981 steht *Pattex* als Dachmarke für eine ganze Reihe von Spezialklebern. Es gibt *Pattex*-Pistolen-Patronen, *Pattex*-Sekundenkleber, *Pattex Super-Gel, Pattex Kraft-Mix* und *Pattex transparent.* Kraftkleber in allen Angebotsformen – für perfektes Kleben.

Der Kopfhörer – SENNHEISER HD 580 PRECISION

Unter den Liebhabern klassischer Musik herrscht seit Jahren ein Streit, ob Herbert von Karajan oder Leonard Bernstein der größte Dirigent unserer Zeit ist. Wer entscheiden will, unter welcher Stabführung das zarteste Pianissimo und das mächtigste Forte erklingt, für den hält die deutsche Elektronikindustrie einen unbestechlichen Klangmesser bereit: den Kopfhörer *HD 580 precision* von Sennheiser.

Es begann in einem Bauernhaus am Rand der Lüneburger Heide. Dort gründete am 1. Juni 1945 Professor Dr. Ing. Fritz Sennheiser das „Laboratorium Wennebostel", um zunächst in Handarbeit Strommeßgeräte herzustellen. Schon früh setzte Sennheiser auf die Kommunikationsmedien. 1955 – zehn Jahre nach der Firmengründung – reichte das Bauernhaus in Wennebostel nicht mehr aus, und ein Neubau entstand für 250 Mitarbeiter. Drei Jahre später entwickelte die Sennheiser electronic KG die erste drahtlose Mikrophonanlage „Mikroport".

1968 brachte Sennheiser eine Weltneuheit auf den Markt: den Kopfhörer *HD 414*. Als erstes Gerät arbeitete er nach dem „offenen Prinzip", das heißt, Außengeräusche waren noch wahrnehmbar. Im Gegensatz zu den meisten üblichen Modellen war er so leicht, daß man ihn auf dem Kopf kaum spürte. Dabei konnte er mit einem Frequenzbereich von 20 bis 20.000 Hertz Musik beinahe so wiedergeben, wie sie auch gespielt wurde. In nur sechs Jahren wurde der *HD 414* eine Million Mal verkauft. Mit diesem meistgekauften HiFi-Stereo-Kopfhörer der Welt stieg Sennheiser zum größten Hersteller von Kopfhörern in Europa auf.

Das heutige Spitzenmodell unter den dynamischen Kopfhörern von Sennheiser, der *HD 580 precision*, ist das Ergebnis jahrzehntelanger Erfahrungen in der professionellen Akustikübertragung. Mit einem Gewicht von nur 260 Gramm ohne Kabel bietet dieser Kopfhörer der High-Tech-Generation höchsten Tragekomfort. Die neuentwickelte Membran besteht aus zwei hauchdünnen Folien, die Partialschwingungen verhindern. Die Klangwiedergabe ist klar und natürlich, ohne tonale Verfärbungen oder Verzerrungen. Da dieses Präzisionsgerät auf eine lange Lebensdauer angelegt ist, sind

alle wesentlichen Teile auswechselbar. Das überzeugendste Datum des *HD 580 precision* aber ist fraglos seine enorme Klangleistung. Während das menschliche Gehör im Hauptsprachgebiet Tonfrequenzen von 300 bis 2.500 Hertz empfängt und im Musikbereich Frequenzen von 30 bis 10.000 Hertz übermittelt werden, erstreckt sich der Frequenzbereich des *HD 580 precision* von 16 bis 38.000 Hertz. Gleichgültig, ob Karajan oder Bernstein die Krone gebührt: Mit dem *HD 580 precision* von Sennheiser kann jedermann ihre Musik wie im Konzertsaal erleben.

„Habe mich aufs neue erkältet, konnte nachmittags nicht ruhen und fühle mich schlecht, auch psychisch ... Zum Abendessen, an K's Bett, trank ich Punsch, der mir warme Füße machte, und nahm Aspirin. Besserung." Diese Zeilen trug Thomas Mann am 25.11. 1918 in sein Tagebuch ein. Für ihn wie für viele seiner Zeitgenossen war bereits eine Arznei zum Inbegriff für Schmerzlinderung geworden, die gerade 20 Jahre zuvor in einem Labor von BAYER synthetisiert worden war: *ASPIRIN.*

Der Wirkstoff „Acetylsalicylsäure" – die einzige Wirksubstanz von *ASPIRIN*, kurz ASS – wurde erstmals 1897 in chemisch reiner Form von Dr. Felix Hoffmann fixiert. 1899 wurde der Name *ASPIRIN* – gebildet aus den Anfangsbuchstaben des Zungenbrechers „Acetylsalicylsäure" und der lateinischen Bezeichnung einer salicylsäurehaltigen Staude, „spiraea ulmaria" – als Warenzeichen eingetragen. Noch im gleichen Jahr kam das Medikament – zunächst als Pulver, bald darauf in der damals ganz neuen Tablettenform – auf den Markt. Damit wurde ein Kapitel Medizingeschichte eröffnet, das noch längst nicht abgeschlossen scheint.

Die Zusammensetzung von *ASPIRIN* blieb bis heute unverändert. Dennoch hat das Mittel in der jüngeren Vergangenheit verschiedene Therapiebereiche von Grund auf umgestaltet. Zwar wußte man von Beginn an, daß ASS schmerzlindernd, entzündungshemmend und fiebersenkend wirkt, aber erst in den 60er Jahren konnten die vielfältigen Wirkungsmechanismen enträtselt werden. Seit Mitte der 50er Jahre ist auch die antithrombotische Wirkung von ASS bekannt. Dabei wird die Verklebung der Blutplättchen, die an der Gerinnung des Blutes mit beteiligt sind, spürbar gehemmt. Auch wenn die Untersuchungen auf diesem Gebiet noch nicht abgeschlossen sind, so kann erwiesenermaßen die vorbeugende Behandlung mit *ASPIRIN* das Risiko für einige der häufigsten Todesursachen, die auf Arteriosklerose zurückzuführen sind, deutlich senken: z.B. bei „Angina pectoris", überstandenem Herzinfarkt und Hirnschlag.

Als bereits in den 30er Jahren der spanische Philosoph Ortega y Gasset unser Jahrhundert als „Zeitalter des Aspirin" bezeichne-

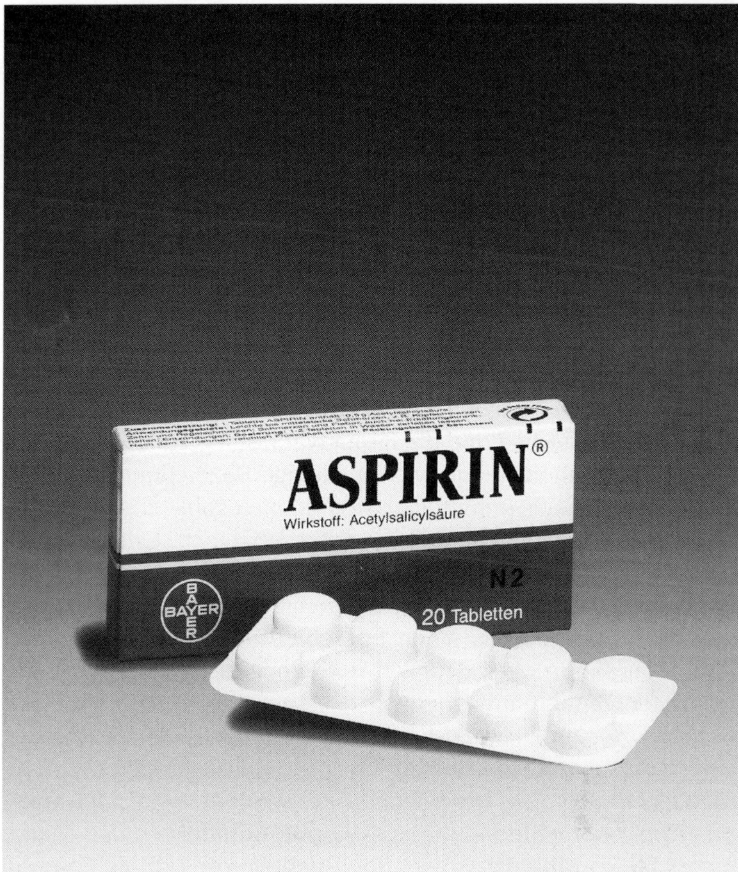

te, konnte er nicht ahnen, daß das weltbekannte Schmerzmittel heute aktueller sein würde als je zuvor. Doch all die neuen Indikationen von *ASPIRIN* werden die klassische Verwendung des „Jahrhundertpharmakons" nicht verdrängen. *ASPIRIN* ist weiterhin der Standard in der Schmerztherapie.

Was die Forschung feststellt und nachweist, wird von den Verbrauchern seit Jahrzehnten praktiziert: In über 70 Ländern der Welt heißt nach wie vor die Antwort auf Kopfschmerzen *ASPIRIN* von Bayer.

Das Korrekturfluid – TIPP-EX

Fehler in einem Geschäftsbrief haben schon so manches Geschäft vereitelt. Doch zum Glück gibt es ein Mittel, das sie auf schnelle und einfache Weise zum Verschwinden bringt: *Tipp-Ex,* das universale Korrekturfluid.

Zu Beginn der 60er Jahre stand das deutsche Wirtschaftswunder in seiner vollsten Blüte. In dieser prosperierenden Zeit wurde in Frankfurt am Main eine neue Firma gegründet. Nicht lange zuvor war eine Erfindung gemacht worden, die Tippfehlerkorrekturen wesentlich vereinfachte. Dabei handelte es sich um beschichtete Papierstreifen, mit denen sich falsch getippte Buchstaben durch nochmaliges Anschlagen rasch und sauber abdecken ließen. Der Name für das Produkt und die Firma war rasch gefunden: *Tipp-Ex,* eine ebenso naheliegende wie eingängige Bezeichnung, die den Nutzen des Artikels unmittelbar zu erkennen gab.

Die Anfänge waren natürlich bescheiden. Doch stellte sich bald heraus, daß die Schreibkräfte in den deutschen Büros förmlich auf ein Mittel gewartet hatten, mit denen sie der ärgsten Plage beim maschinellen Schreiben – den Tippfehlern – effektiver und weniger umständlich zu Leibe rücken konnten, als es mit den bis dahin bekannten Verfahren möglich war.

In der zweiten Hälfte der 60er Jahre fällte die Geschäftsleitung von *Tipp-Ex* einen Entschluß, dessen Auswirkungen den ersten Erfolg des Hauses nicht nur wiederholte, sondern sogar noch übertraf. *Tipp-Ex* brachte ein flüssiges Korrekturmittel auf den Markt. Dieses Fluid sollte das Anwendungsgebiet von *Tipp-Ex* über die Büroräume hinaus erweitern. *Tipp-Ex* ließ sich nun noch vielseitiger verwenden, denn das Fluid eignete sich nicht nur für die Korrektur an der Schreibmaschine, sondern konnte auf allen möglichen Schriftstücken Fehler tilgen. Nach dem Auftrag mit dem in der Kappe befestigen Pinsel trocknete es in Sekundenschnelle zu einer glatten, überschreibbaren Oberfläche auf.

Mitbestimmend für den Durchbruch im Markt war der Aufschwung, den die Fotokopierbranche Anfang der 70er Jahre zu verzeichnen hatte. Bei der nun einsetzenden Flut von Schriftstücken erwies sich das Fluid bald als unentbehrlich. Neben dem univer-

sell verwendbaren Standard-Fluid kamen darum zusätzlich Sondervarianten auf Lösungsmittel- und Wasserbasis in den Handel. Wie beim Korrekturpapier bot *Tipp-Ex* auch hier Farben in Serien und als Sondermischungen an.

Auch heute, da Enthusiasten schon das „papierlose Büro" propagieren, hat das Korrekturfluid von *Tipp-Ex* noch eine große Zukunft vor sich. Solange Kugelschreiber, Bleistift und Radiergummi noch nicht aus den Büros verbannt sein werden, solange wird auch *Tipp-Ex* seinen festen Platz dort haben.

Der Kraftstoff – ARAL

Auf eine fast 100jährige Geschichte kann die ARAL AG mittlerweile zurückblicken: Am 28. November 1898 wurde sie durch 13 Bergbauunternehmen als Westdeutsche Benzol-Verkaufsvereinigung in der Ruhrgebietsstadt Bochum gegründet. Das Firmenzeichen von *ARAL* ist seit 1927 der blauweiße Diamant: ein auf die Spitze gestelltes blaues Quadrat mit weißem Schriftzug.

Der hervorragende Ruf von *ARAL* stützt sich traditionell auf drei Säulen: die Kraft der Marke, den hohen Qualitätsanspruch und die Innovationsstärke. Es waren die Väter des heutigen Unternehmens, die aus einem austauschbaren Produkt eine Marke schufen, die sich als erste durch gleichbleibend hohe Qualität auszeichnete. Der Name dieses Produktes – *ARAL* – setzt sich aus den Anfangsbuchstaben der Mischkomponenten Aromaten und Aliphaten zusammen, den Hauptbestandteilen des neuen Kraftstoffs.

Die kontinuierlich steigende Zahl von Kraftfahrzeugen führte bereits in den 20er Jahren dazu, daß sich das Bochumer Unternehmen zu einer bedeutenden Kraftstoff-Vertriebsgesellschaft entwickelte. Der Benzol-Verband beginnt mit dem verstärkten Aufbau eines eigenen Tankstellennetzes in den Farben Blau-Weiß.

Seit 1962 firmiert das Unternehmen unter dem heute bekannten Namen: Aral Aktiengesellschaft. Die Produkte erhalten unter Voranstellung des Namens *ARAL* neue Bezeichnungen, wie z.B. *ARAL Super* für den Kraftstoff und *ARAL* für das Normalbenzin.

Heute verfügt *ARAL* mit Abstand über den höchsten Tankstellenbestand in Deutschland. Mit mehr als 2.500 Stationen, davon über 700 Tankstellen im Ausland, ist *ARAL* die Nummer Eins im deutschen Kraftstoffgeschäft.

Der Anspruch von *ARAL* ist Erstklassigkeit: im Auftritt, im Service und in den Produkten. Heute bedeutet dies, daß der wichtigste Ort der Begegnung mit *ARAL* seinen Charakter verändert: Die Tankstelle wandelt sich von der Abgabestelle für Kraft- und Schmierstoffe zum modernen Waren-, Dienstleistungs- und Kommunikationszentrum für den mobilen Kunden.

Der Trend zum Convenience-Store an der Tankstelle setzt sich bei *ARAL* weiter fort. Durch die Umrüstaktion vom Mini-Markt zum

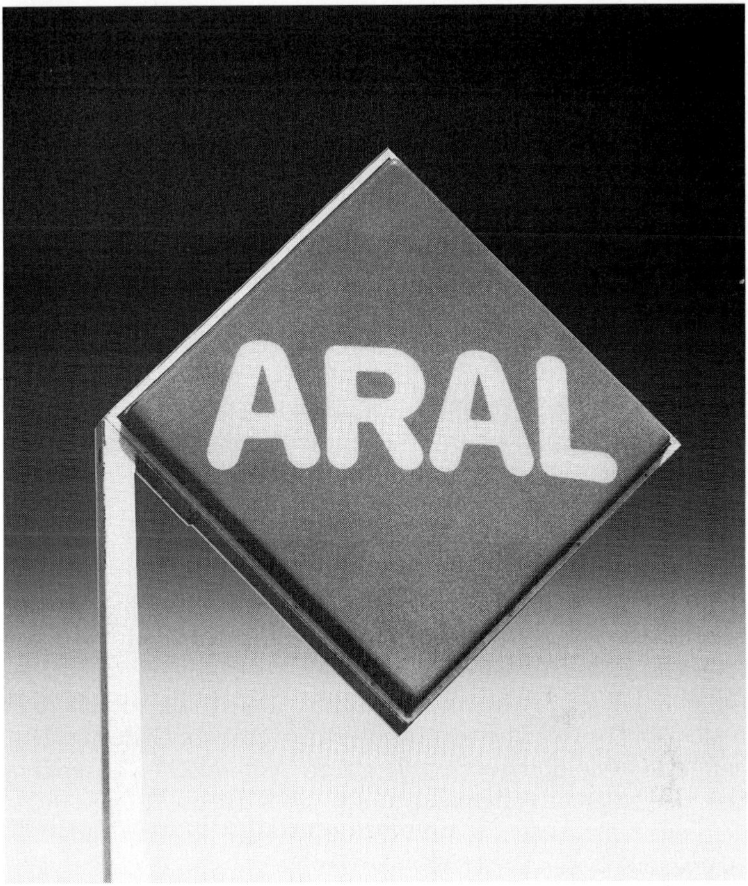

„Aral Store" macht *ARAL* deutlich, daß sich der Anspruch an die Tankstelle erhöht. In Deutschland sind in 1995 und 1996 ca. 600 Shops auf dieses Konzept umgerüstet worden.

Der Umbau der Tankstelle zum Kommunikationszentrum wird weiter voranschreiten. Dazu gehört auch, daß neben Entwicklungen, die bereits einen hohen Durchsetzungsgrad erreicht haben, z.B. dem Plastikgeld, neue Geschäftsfelder besetzt werden: Autovermietung, Mobilfunk und Geldautomaten sind hierfür Beispiele.

Über den künstlerischen Wert eines Gemäldes entscheidet nicht der Augenblick, sondern die Nachwelt. Gleiches gilt für die Qualität von Künstlerfarben. Noch heute bewundern wir die Farbenpracht in den Werken alter Meister. Die meisten von ihnen malten mit Harz-Ölfarben, deren Rezepturen und Herstellungstechniken gegen Ende des letzten Jahrhunderts nahezu völlig verloren gingen. Die Folgen sind unschwer zu erkennen: neuere Kunstwerke weisen in bezug auf Risse, Haltbarkeit und Farbqualität zumeist einen weitaus schlechteren Zustand auf als die Gemälde der alten Meister.

Einer der wenigen Künstler, die noch im 19. Jahrhundert Harz-Ölfarben benutzten und ihre Rezepturen pflegten, war Cesare Mussini, Professor an der Akademie der Schönen Künste in Florenz. Er vertraute seine Kenntnisse Hermann Schmincke und Josef Horadam an, zwei miteinander verschwägerten Chemikern, die 1881 in Düsseldorf die Firma Schmincke & Co. gründeten. Die Rezepturen dieses großen italienischen Maltechnikers bilden im Hause Schmincke noch heute die Basis für ihre Künstlerfarben.

MUSSINI ist eine Künstler-Harz-Ölfarbe für höchste Ansprüche. Der entscheidende Unterschied zu sogenannten „reinen" Ölfarben besteht im Ersetzen überschüssiger Anteile der zum Gilben neigenden festen Öle durch wertvolle Harze in ätherischen Lösungen. Der gleichmäßige Durchtrocknungsprozeß der *MUSSINI* vermindert eine beim Malen störende Hautbildung. Die feinst verteilten Harzanteile lassen das Licht tiefer eindringen und verleihen dem Gemälde eine reizvolle Tiefenwirkung. All diese Vorzüge haben in Vergangenheit und Gegenwart so große Künstler wie zum Beispiel Otto Dix bewogen, ausschließlich mit *MUSSINI* Harz-Ölfarben zu malen.

„Meliora cogito", lautet der Wahlspruch des Hauses, „ich trachte nach dem Besseren". Was im Spätmittelalter unter handwerklichen Bedingungen seinen Anfang nahm, führt Schmincke in unserer Zeit mit besseren Rohstoffen und Fertigungstechniken industriell fort. Alte Erfahrung und junge Initiative sicherten dem Unternehmen ein Wachstum in stetigem, gesundem Tempo, bis Bomben

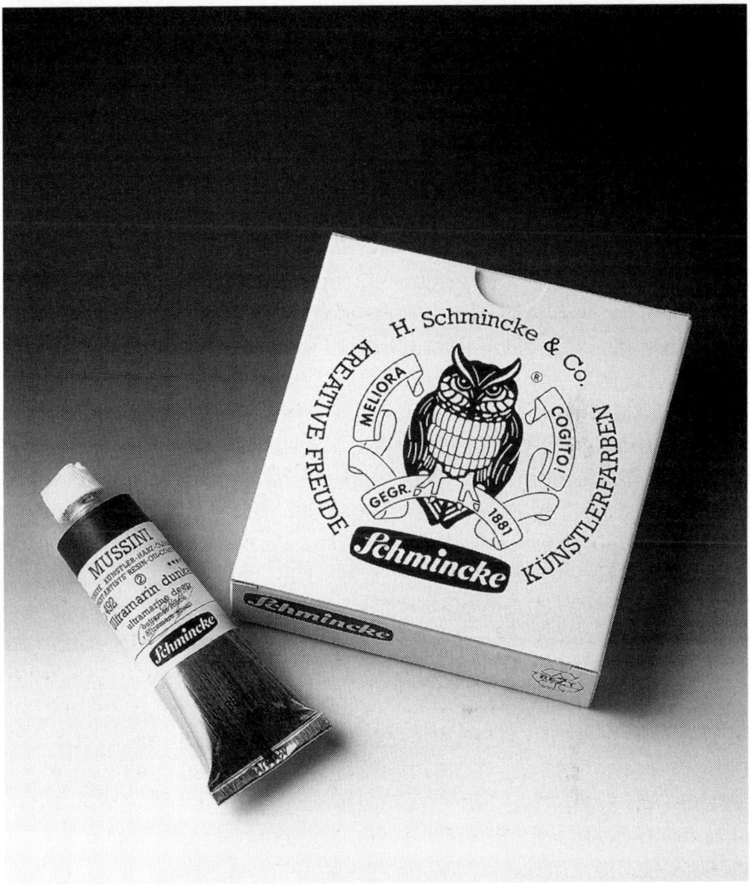

und Feuer im November 1943 in einer Nacht fast den gesamten Betrieb zerstörten. Doch mit der in der ganzen deutschen Wirtschaft gezeigten Zähigkeit wurde auch hier unter widrigsten Umständen die Produktion fortgesetzt. Heute umfaßt das Programm 1.200 Künstlerfarben in 20 Farbsorten, neben der *MUSSINI* auch die von Aquarellisten wie Nolde oder Kokoschka bevorzugte *Horadam.* Im Vertrauen darauf, daß Maler echte Qualität auch weiterhin erkennen, sieht Schmincke auch nach über 100 Jahren noch voller Optimismus in die Zukunft.

„Knupper, knupper kneischen, wer knuppert an meinem Häuschen?" Schon Hänsel und Gretel wußten zur „Es war einmal"-Zeit der Brüder Grimm, was gut ist. Fast wie im Märchen beginnt auch die wahre Geschichte des würzigen Lebkuchens in Deutschland.

Feiner Honig aus „Des Deutschen Reiches Bienengarten", dem riesigen und dichten Reichswald rund um die mittelalterliche Kaiserstadt, sowie über die alten Salz- und Handelsstraßen rollende „Pfeffersäcke" lieferten die Zutaten für die Blüte der Nürnberger Lebküchnerei. Urkundlich erwähnt wurde der erste Lebküchner in Nürnberg bereits im Jahre 1395. Aber erst im 17. Jahrhundert durften sich die Lebküchner zu einer Innung zusammenschließen. Aus den Kirchenbüchern des Jahres 1492 geht zweifellos hervor, daß ein Lebküchner namens Junkmann von der Äußeren Laufer Gasse als der erste nachweisbare Vorgänger der späteren Firma Heinrich Haeberlein gelten muß, nachdem im alten Nürnberg nur zwölf Meister das Recht zur Ausübung des Lebküchnergewerbes hatten, welches mit den betreffenden Häusern verbunden war. Noch viele Kirchenbuchseiten sollten vollgeschrieben werden, bis im Jahre 1864 die Lebkuchenbäckerei in der Laufer Gasse an Heinrich Haeberlein überging.

Die Linie Metzger wird erstmals im Jahre 1586 erwähnt. Ein Geselle namens Hans Baum ließ sich zu dieser Zeit in Nürnberg nieder und kaufte das Haus Hauptstraße 29. Damit bekam er das „Realrecht", also die Erlaubnis, Lebkuchen zu backen. Ein Inserat aus dem Jahre 1816 dokumentiert erstmals das Bestehen der Firma Metzger. Am 5. Juni 1920 war es dann soweit: Die traditionsreichen Firmen Haeberlein und Metzger schlossen sich zu den Vereinigten Nürnberger Lebkuchen- und Schokolade-Fabriken zusammen. Fortan wurde mit vereinten Kräften gebacken.

1957 begann auch der bekannte Hersteller von Speiseeis, Theo Schöller, Oblaten-Lebkuchen herzustellen, um so einen saisonalen Ausgleich zur Produktion von Eiscreme zu schaffen. Theo Schöller, der sein Unternehmen 1937 gemeinsam mit seinem Bruder Karl gründete, hatte damit so viel Erfolg, daß sein Haus schon bald zu den großen Nürnberger Lebkuchenfirmen zählte.

Die Krönung, oder besser gesagt der „Zuckerguß", war für Schöller die Übernahme der Haeberlein-Metzger-Gruppe im Juni 1976. Sie stellt sicher, daß die Geschmackstradition der ältesten Lebküchner mit fortschrittlicher Technik auch in Zukunft gepflegt werden kann. Auch der wertvollste Oblaten-Lebkuchen, der *Elisen-Lebkuchen,* wird von dem berühmten Nürnberger Unternehmen nach alten Rezepten hergestellt. Und wenn Hänsel und Gretel heute die Wahl hätten, mit Sicherheit würden sie sich Lebkuchen aus dem Hause Schöller und Haeberlein-Metzger kaufen.

„Lodo" oder „Lodium" – im Althochdeutschen gleichbedeutend mit „grobes Wollzeug", „zotteliger Mantel" – nannten die Tiroler Bauern um 950 ihre neueste Erfindung. Es war ihnen gelungen, die Wolle der Schafe zu einem besonders festen und strapazierfähigen Tuch zu verarbeiten, dem Loden. Durch das Walken, einer Methode des Verfilzens, erhielt der Lodenstoff seine Dichte. Eine einfache Strickstruktur ließ – ähnlich den übereinandergeschichteten Lagen eines Strohdaches – das Regenwasser leichter ablaufen und schützte so vor schnellem Durchnässen. Bis ins 19. Jahrhundert waren Mäntel und Umhänge aus Loden die zweckmäßige, wetterfeste Bekleidung für Jäger, Bauern und Hirten.

Johann Georg Frey, gelernter Tuchmacher aus Württemberg, kam 1842 nach München und erwarb dort für 250 Gulden die „Webergerechtsame", seine erste Lizenz. Mit 10 Webstühlen eröffnete er seine Werkstatt für einfache, glatte Lodenstoffe.

Johann Baptist Frey, Sohn des Firmengründers, arbeitete weiter an den Ideen seines Vaters und entwickelte 1872 den ersten wirklich wasserfesten Lodenstoff, den Strichloden. Die gewelkte und gerauhte Ware erhielt in der Appretur eine in Strich gelegte Haardecke und wurde zusätzlich wasserabweisend ausgerüstet.

Bis heute ist *Lodenfrey* seinem Produkt treu geblieben. Aus Strichloden entstand auch der erste modische Lodenmantel. Im Stil des damals beliebten Havelock, einem langen ärmellosen Herrenmantel mit pelerineartigem Umhang, wurde er schon bald wie der englische Trenchcoat oder das Tweedsakko zum festen Bestandteil der klassischen Garderobe.

Die ersten Lodenmäntel wurden in rein handwerklicher Arbeit gefertigt. Erst 1927 entschloß sich *Lodenfrey* zum Bau einer eigenen Konfektionsfabrik. Trotz tiefgreifender Einbrüche durch Inflation und die beiden Weltkriege gelang dem Unternehmen die internationale Expansion. Die „Lodenfrey Corporation of America" wurde 1948 gegründet, kurz darauf eine Tochterfirma in Frankreich und 1956 die „Lodenfrey in Austria". In den 50er Jahren exportierte das Unternehmen in mehr als 50 Länder. In diese Zeit fiel auch der Entschluß, sich nicht nur auf Herrenoberbekleidung zu beschrän-

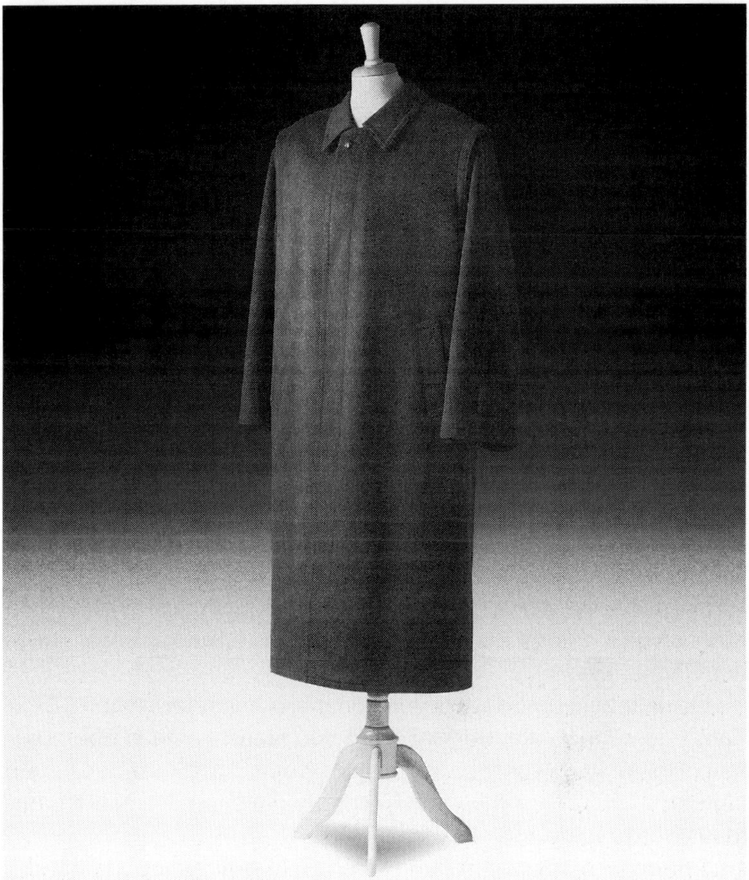

ken, sondern auch Damenmäntel zu konfektionieren. Heute besteht ein reichhaltiges Angebot vom traditionellen Trachtenstil bis zur sportlichen Linie für Damen und Herren. Trotz Automatisierung und modernster technischer Ausstattung verzichtet *Lodenfrey* nicht auf traditionelle Verfahren, wie zum Beispiel auf das Verstreichen mit Disteln. Die aus Südfrankreich importierten Disteln werden von Hand in die Maschinen eingespannt und geben dem Tuch den berühmten Strich, der die Loden von *Lodenfrey* auszeichnet.

Wohl kaum ein Magazin hat in den vergangenen Jahrzehnten derart die Gemüter erregt wie der *Stern* aus Hamburg. Jahrzehnte ist es her, daß die blutjunge Hildegard Knef das Titelbild des ersten *Stern* zierte. Fotos dieser Art von „aktuellen Personen" sollten bald zum festen Element der Titelseiten werden. Wie die Schauspielerin selbst, 1950 die „Sünderin" im gleichnamigen Film, stand der *Stern* immer wieder im Zentrum leidenschaftlicher Debatten.

Von Anfang an sorgte der *Stern* mit seinen Geschichten für Zündstoff und schob nicht selten Diskussionen an, deren Folgen heute noch spürbar sind. So etwa die Titelstory „Ich habe abgetrieben", die 1971 ein damals noch absolutes Tabuthema behandelte. Mit der Spendenaktion „Rettet die Hungernden" reagierte der *Stern* 1973 auf die Hungerkatastrophe in Äthiopien. Und die Reportage „Christiane F. – Wir Kinder vom Bahnhof Zoo" warf zum ersten Mal ein ungeschminktes, gleichwohl verständnisvolles Licht auf den Weg einer Jugendlichen in die Drogenszene. Auch unlängst noch sorgte der *Stern* mit seiner Russland-Hilfe für Aufsehen, mit 138 Millionen DM Erlös der bisher erfolgreichste Aufruf dieser Art in der Nachkriegszeit.

Die Wurzeln des Magazins liegen in der Jugendzeitschrift „Zick-Zack" begründet, die, im Mai 1948 von Henri Nannen übernommen, für junge Menschen nach dem Krieg ein „Stern der neuen Hoffnung" werden sollte, eine Intention, die dann den Namen des Magazins prägte.

Seit den Anfangstagen haben sich das Layout, die Qualität der Bilder und der Umfang deutlich weiterentwickelt. Doch der Grundansatz des Blattes, das weltweit rund 1,2 Millionen Mal pro Woche von ca. 8 Millionen Lesern gekauft wird, ist der gleiche geblieben: eine ansprechende Mischung aus politischen Berichten und Unterhaltung, eine direkte Sprache und Reportagen, die Hintergründe aufdecken. Mit dieser entschlossenen Art, Themen anzugehen, haben Nannen und der *Stern* den deutschen Journalismus maßgeblich mitgeprägt. Vor allem aber seine optische Erscheinung hat den *Stern* unverwechselbar gemacht. Wichtiges Gestaltungselement ist dabei die inzwischen legendäre Foto-Doppelseite, die

den Reportagen vorausgeht. Die bisher 300 ADC-Medaillen beweisen die Sonderstellung der *Stern*-Optik und markieren seine Ausnahmestellung gegenüber anderen Magazinen.

Im Zeitalter der Medienvielfalt hat auch der *Stern* sein Spektrum erweitert. Seit 1990 ist *Stern TV* eine feste Größe im Infotainment eines privaten Fernsehsenders. Seit 1995 erscheint unter dem Titel *Stern Online* eine stündlich aktualisierte Website im Internet. Und seit 1996 stellt das Fotomagazin „Portfolio" die besten Fotografen der Welt mit ihren Arbeiten vor.

Der Magenbitter – UNDERBERG

Die Freuden der Tafel haben nicht selten ein unliebsames Nachspiel. Oftmals sind Völlegefühl und Magenbeschwerden die Folgen lukullischer Genüsse. Doch wem hierzulande die Weihnachtsgans oder Geburtstagstorte auf den Magen drückt, kann zu einem altbewährten Mittel greifen: *Underberg,* der aromatische Magenbitter in der kleinen, braunen Flasche.

Hubert Underberg war ein junger Mann aus Rheinberg am Niederrhein, den im vergangenen Jahrhundert Schule und Ausbildung nach Holland und Belgien führten. Dort lernte er ein Getränk kennen, das sich bei den Niederländern großer Beliebtheit erfreute, den Boonekamp. Um ihn herzustellen, goß man Genever ins Glas und würzte ihn mit einem bitteren Kräuterextrakt. Diese Mischungen waren immer verschieden bitter, deshalb beschloß Hubert Underberg, ein Produkt in gleichbleibender Qualität zu entwickeln. So komponierte er aus heilsamen Kräutern, die er aus 43 Ländern bezog, sein Rezept.

Am 17. Juni 1846 – dem Tag seiner Eheschließung mit Catharina Albrecht – gründete Hubert Underberg in seiner Heimatstadt die Firma H. Underberg-Albrecht. Seinen Kräuterbitter bot er unter der niederländischen Bezeichnung „Boonekamp of Maagbitter" an. Eine Kropfhalsflasche, eingewickelt in gelb-braunes Strohpapier, gab dem Produkt seine unverwechselbare Erscheinung. Schnell sprach sich die wohltuende und magenfreundliche Wirkung von *Underberg* herum. Zwischen Antwerpen, Königsberg und Wien wurde er bald zu einem beliebten Hausmittel.

Erst 1894 trat das Gesetz zum Schutz der Warenbezeichnungen in Kraft. Es stellte sich jedoch heraus, daß die Kennzeichnung Boonekamp nicht mehr zu schützen war. Sie war inzwischen zum Gattungsbegriff geworden. Das Wort *Underberg,* die Flasche und die Einwicklung des Magenbitters aus Rheinberg aber wurden vom Kaiserlichen Patentamt als Warenzeichen eingetragen. Underberg gab die Bezeichnung Boonekamp auf.

Nach dem Zweiten Weltkrieg führte der Enkel des Gründers, Emil Underberg, eine verbrauchsgerechte Verpackung, die Portionsflasche mit 2 cl, als einzige Verkaufseinheit ein. Die kühnsten Um-

satzerwartungen wurden übertroffen. „Semper idem" – immer derselbe – lautet der Wahlspruch des Hauses Underberg. Seit mehr als 140 Jahren wird dieser Magenbitter nun schon nach derselben Rezeptur hergestellt. Erlesene Kräuter aus 43 Ländern, frisches Brunnenwasser und Alkohol werden in dem von Hubert Underberg entwickelten Verfahren gemischt und mazeriert, um sodann in Fässern aus slowenischer Eiche zu reifen. Die Komposition des *Underberg* aber ist bis heute ein wohlgehütetes Familiengeheimnis.

Das Marzipan – NIEDEREGGER

Der Name Niederegger klingt ganz und gar nicht hanseatisch. Und in der Tat war Johann Georg Niederegger, der Ende des 18. Jahrhunderts als junger Geselle nach Lübeck kam, im schwäbischen Ulm geboren. Kurze Zeit, nachdem er in die Konditorei Maret eingetreten war, verstarb sein Lehrherr, und die Witwe übertrug dem Gesellen 1806 das Geschäft auf eigene Rechnung.

Niederegger wußte so gut zu wirtschaften, daß er 1822, als der inzwischen erwachsene Sohn Marets die väterliche Konditorei wieder übernahm, ein eigenes Haus erwerben konnte. In diesem Gebäude an der Breitestraße 89, gegenüber dem alten Rathaus der Stadt, befindet sich noch heute das Café Niederegger, von dem aus das berühmte „Lübecker Marzipan“ in alle Welt versandt wird.

Eine Sage zufolge soll das Marzipan in der Hafenstadt an der Ostsee entstanden sein: „Marci panis“, zu deutsch Markusbrot, habe den Einwohnern Lübecks im Jahr 1407 über eine schlimme Hungersnot hinweggeholfen. Doch wurde wohl erstmals in Arabien die süße Leckerei aus zerriebenen Mandeln, gestoßenem Zucker und Rosenwasser hergestellt. Schon 1000 n. Chr. ließen Kalifen die feine Süßigkeit ihren Gästen reichen. Mit der arabischen Vorherrschaft in Spanien gelangte das Marzipan dann nach Mittel- und Nordeuropa, wo es als eine erlesene Kostbarkeit – manchmal mit echtem Blattgold überzogen – höchsten Würdenträgern als Geschenk dargebracht wurde.

Lange Zeit war es allein Apothekern vorbehalten, Marzipan herzustellen und zu verkaufen. Marzipan galt als ein „Kraftbrot“, das mit zerstoßenen Edelsteinen und Perlen, aber auch mit Thymian und anderen Kräutern versetzt wurde, um Krankheiten zu heilen. Erst im 18. Jahrhundert ging die Herstellung des Marzipans in die Hände von Zuckerbäckern über.

Niederegger Marzipan war bald weit über die Landesgrenzen hinaus berühmt. Großer Beliebtheit erfreuten sich besonders süße Nachbildungen von Früchten und Tieren. Selbst der Zar von Rußland schätzte die „artigen Betrügereien“ aus Lübeck: Jahr für Jahr bestellte er 1 Dutzend Marzipangänse in Lebensgröße.

Heute dürfen Marzipanbrote und das rosa Glücksschweinchen

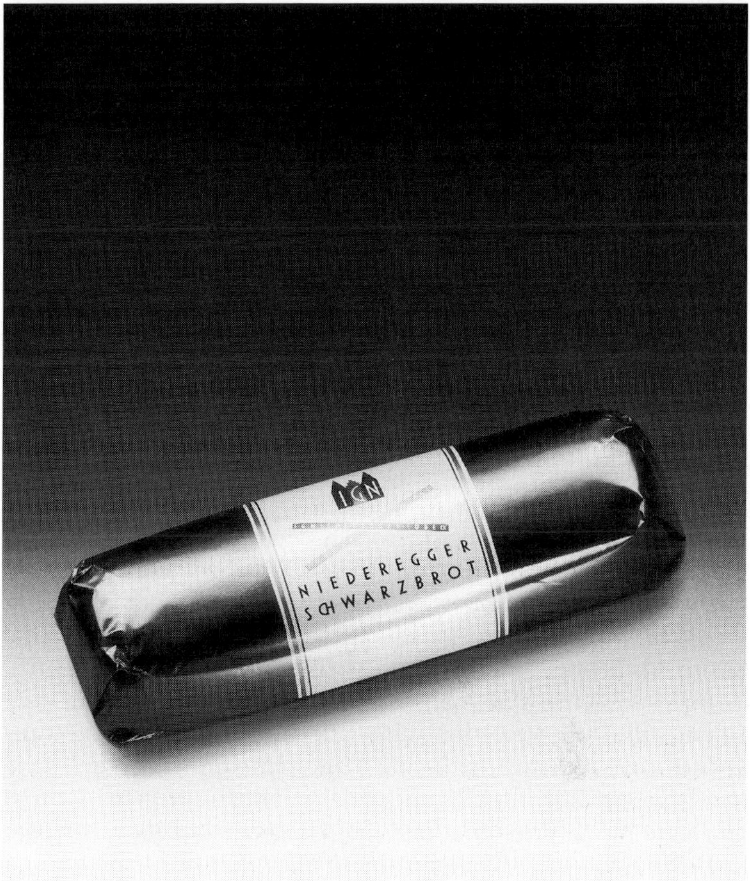

auf keinem Gabentisch mehr fehlen. Tag für Tag werden bei Niederegger viele Tonnen Marzipan hergestellt und in über 32 Länder der Erde exportiert. Ausschließlich hocharomatische Mandel-Spitzensorten aus Spanien und Italien gelangen hier zur Verarbeitung. Zucker wird der wertvollen Rohmasse nur in dem Maß beigemengt, wie unbedingt nötig ist. Zwei gekreuzte Bänder in den Farben Rot und Gold, darüber das stilisierte Holstentor mit den Initialen JGN, bürgen seit nun über 175 Jahren für diesen hohen Qualitätsanspruch von *Niederegger Marzipan.*

„Melissa ist von allen Dingen, die die Erde hervorbringt, das beste Kräutlein für das Herz", schrieb Paracelsus, der große Medizin-Reformator, im 16. Jahrhundert. Mit der „tugent" der Melisse hoffte er, sein Lebenswasser zu finden, den „Wein des Heils".

Die heilkräftige Wirkung dieser stark duftenden, aromatischen Pflanze ist schon seit den Zeiten der Antike bekannt. Der Grieche Theophrastos aus Eresos, ein Schüler des Aristoteles, erwähnt sie erstmals um 300 vor Christus. Die erste deutsche Ärztin, die Heilige Hildegard von Bingen, schreibt der Melisse – in ihrer berühmten „Physika" – die Kräfte von 15 anderen Kräutern zu. Es ist also nicht verwunderlich, daß die Rezeptur des *Klosterfrau Melissengeist* auch klösterlichen Ursprungs ist und eine Ordensfrau diesem Produkt zu internationalem Ruhm verhalf.

Maria Clementine Martin wurde 1775 in Brüssel geboren. Ihr Vater, Oberst im Dienst des Kaisers in Wien, gab sie in den Wirren der Französischen Revolution in die Obhut der Unbeschuhten Carmeliterinnen in Brüssel. Als angehender Klosterapothekerin wurde ihr manches Geheimrezept anvertraut, unter anderem „die Kunst, das ächte Carmeliter- und Melissenwasser zu verfertigen".

1815 finden wir sie nahe ihrem Geburtsort Brüssel auf dem Schlachtfeld von Waterloo. Dort pflegte sie unter Einsatz ihres Lebens die Verwundeten beider Kriegsparteien. Der preußische König wurde auf diese tapfere Frau aufmerksam gemacht und gewährte ihr für ihren Mut und ihre Hingabe auf Lebenszeit eine jährliche Leibrente. Mit diesem finanziellen Rückhalt konnte Maria Clementine Martin nun ihre Lebensidee verwirklichen. 1826, schon über 50 Jahre alt, gründete sie in Köln ein Unternehmen und begann mit der Fertigung des ihr aus dem Kloster bekannten und von ihr weiterentwickelten Melissengeistes. Die „Klosterfrau", wie sie allgemein genannt wurde, war aufgrund ihrer Nächstenliebe und Mildtätigkeit eine hoch angesehene Persönlichkeit in Köln. Als sie 1843 starb, trauerte eine ganze Stadt um sie. Ihrem Gehilfen hinterließ sie ein aufstrebendes Unternehmen.

Heute, 170 Jahre nach der Firmengründung, ist der *Klosterfrau Melissengeist* das meist verwendete Arzneimittel zur Selbstmedika-

tion und das Haus Klosterfrau das führende Unternehmen auf diesem Sektor. Die Marke ist so bekannt, daß der Slogan „nie war er so wertvoll wie heute" zum geflügelten Wort geworden ist. Die hohe Wertschätzung, die einem der ältesten deutschen Markenartikel seit vielen Jahren entgegengebracht wird, hat unterdessen auch ihre wissenschaftlich exakte Bestätigung gefunden. In aufwendigen klinischen Studien konnte die breitgefächerte Wirksamkeit dieses Naturarzneimittels voll unter Beweis gestellt werden.

Man wird auf der Welt wohl kaum einen Photographen finden, der nicht bei dem Wort *LEICA* leuchtende oder gar begehrliche Augen bekommt. Die bei der Leica Camera GmbH in Solms bei Wetzlar gebauten Präzisionskameras genießen nun schon über ein halbes Jahrhundert einen wahrhaft legendären Ruf. Dabei war, wie so oft bei genialen Einfällen, auch die ursprüngliche Idee zur *LEICA* ebenso einfach wie logisch.

Oskar Barnack, legendärer Leiter der Entwicklungsabteilung der Optischen Werke Ernst Leitz, brauchte bei seinen Belichtungsproben für Kinofilmaufnahmen ein handliches Hilfsgerät mit feststehender Belichtungszeit von 1/40 Sekunden. Dabei zeigte sich, daß der damals schon relativ feinkörnige Kinofilm recht brauchbare Postkarten-Vergrößerungen vom Kinoformat 18 x 24 mm ergab. Diese Resultate ermutigten Barnack, seine alte Lieblingsidee – eine Kamera in Taschenformat – wieder aufleben zu lassen. Da nun der Filmstreifen in seiner Länge unbeschränkt nutzbar war, verdoppelte er ein Bildfenster auf 24 x 36 mm, und das klassische Kleinbildformat war geboren.

Unter der geschützten Warenbezeichnung *LEICA* für *Leitz Camera* stellte die Firma auf der Leipziger Frühjahrsmesse 1925 das erste Serienmodell der Kamera vor. Schon bald erwies sich die *LEICA* als unverzichtbar bei Expeditionen, Forschungsreisen und der Presseberichterstattung. In Verlagen und Bildagenturen entstanden Photolabors eigens für das Kleinbildformat.

In den 50er Jahren machte besonders die *LEICA* M3 als erste Kleinbildkamera der Welt mit Sucher für 3 Brennweiten von sich reden: 50, 90 und 135 mm. Zudem besaß sie einen Meß-Sucher mit automatischem Parallaxausgleich über dem gesamten Einstellbereich. Mit der *LEICA* M3 gab es daher keine abgeschnittenen Füße und Köpfe mehr. Die 1967 erscheinende *LEICA* M4 – mittlerweile waren schon weit mehr als eine Million *LEICA*-Kameras verkauft – basierte in Größe und Konzeption auf der *LEICA* M3 und bot zusätzlich ein sehr schnelles, spulenloses Filmeinlegen. Eine eingebaute Rückspulkurbel erleichterte darüber hinaus das Wechseln des Films.

Das aktuelle Modell *LEICA M6* ist die einzige kompakte professionelle Meßsucher-Systemkamera mit selektiver Lichtmessung durch das Objektiv. Überall da, wo es um unauffälliges Fotografieren mitten im Geschehen geht, wo selbst unter schlechtesten Lichtbedingungen noch exakt scharf gestellt werden muß, wird die *LEICA M6* eingesetzt.

So versteht es das deutsche Unternehmen bis heute, modernste Technik mit jener Präzision zu verbinden, die *LEICA*-Kameras so berühmt gemacht haben. Weltweit.

„Alles fließt". Dieser Satz des griechischen Philosophen Heraklit trifft im besonderen Maße auf *Apollinaris* zu. Zwar haben sich Name und Warenzeichen, also der Markenkern, nicht verändert, aber die Präsentation unterlag ständigem Wandel. Dies betrifft sowohl Flaschenform und Etikettierung als auch die Werbung – Faktoren, die *Apollinaris* nicht nur zur Weltmarke machten, sondern es bis heute als Markenklassiker par excellence mit überragendem Bekanntheitsgrad etablierten. Denn neun von zehn Bundesbürgern kennen *Apollinaris*.

Aber *Apollinaris* gibt es nicht nur in Deutschland, sondern in über 50 Ländern der Welt. Es ist damit die Nummer Eins des deutschen Mineralwasserexports. Der höchste Pro-Kopf-Verbrauch von *Apollinaris*-Mineralwasser liegt übrigens nach dem Heimatmarkt Deutschland auf der Karibik-Insel Curaçao.

Am Anfang dieser Erfolgsgeschichte stand ein Ärgernis. Im Jahre 1852 wunderte sich der Weinbauer Georg Kreuzberg aus dem Städtchen Ahrweiler, warum an einem Hang seines Weinberges die Reben nicht recht wachsen wollten. Als Ursache spürte er schließlich eine Wasserader auf. Nachdem sich sein erster Ärger gelegt hatte, machte er eine Entdeckung, die ihn für seinen Verlust mehr als entschädigen sollte: Das Wasser der Quelle war ausgesprochen reich an wertvollen Mineralien und verfügte über quelleneigene Kohlensäure. Georg Kreuzberg verwandelte daraufhin die Not in eine Tugend. Er legte die Quelle frei und taufte das Wasser auf den Namen des heiligen Apollinaris, dessen Statue sich direkt neben der Quelle befand.

Der Aufbau des „Brunnens" zum Unternehmen mit Weltruf fiel in die Gründerzeit des vorigen Jahrhunderts. Schon bald erkannte man im Hause *Apollinaris,* daß die werbewirksame Profilierung eines Artikels für seine Durchsetzung am Markt nicht weniger wichtig ist als seine Qualität.

Das berühmte rote Dreieck hat seinen Ursprung in Großbritannien, wo *Apollinaris* seit 1873 mit der „Apollinaris Company Ltd." in London vertreten war. Da dort seit 1892 Produkte von herausragender Qualität mit einem Dreieck ausgezeichnet wurden, durf-

te *Apollinaris* dieses Zeichen ebenfalls führen. Als dann 1894 im Deutschen Reich das „Gesetz zum Schutz der Warenbezeichnungen“ in Kraft trat, meldete die Actiengesellschaft Apollinarisbrunnen vorm. Georg Kreuzberg das rote Dreieck – zunächst mit dem Schriftzug *Apollinaris* und dem Slogan „The Queen of Table Waters“ – als Warenzeichen an.

Unter diesem Zeichen kann *Apollinaris,* das vor gut 100 Jahren zum Markenartikel wurde, voller Zuversicht in das nächste Jahrtausend gehen.

Aus der unüberschaubaren Menge von Motorrädern ragt er seit jeher heraus durch sein konsequent eigenständiges Antriebskonzept, das ihm zugleich zum unverwechselbaren Erkennungszeichen geworden ist: der Boxer von BMW, dessen quer zur Fahrtrichtung liegende Zylinder sich zwei Flügeln gleich in den Fahrtwind strecken.

Die Boxer mit dem weiß-blauen Propeller-Symbol haben sich in den siebzig Jahren seit ihrer Premiere beim Pariser Salon 1923 den wohl unvergänglichen Rang des Reisemotorrads schlechthin erfahren. Sie verdanken dies der sprichwörtlichen Robustheit und Zuverlässigkeit ihres Antriebs, des Zweizylinder-Boxermotors in Kombination mit einer Kardanwelle. Die querliegende Anordnung der Zylinder sorgt zum einen für deren optimale Kühlung im Fahrtwind und ermöglicht zugleich eine tiefe Schwerpunktlage, die der Handlichkeit des Boxers zugute kommen. Die *BMW R 1100 RT* ist hierfür das jüngste Beispiel. So hat BMW seine jahrzehntelange Erfahrung als führender Hersteller im Tourenbereich genutzt, um ein Motorrad zu entwickeln, das neue Maßstäbe in puncto Langstreckenkomfort und Agilität setzt.

Entsprechend beeindruckend ist der technische Aufwand, den BMW mit diesem Motorrad getrieben hat. Die Vorteile der bewährten Hinterradführung mittels einarmiger Doppelgelenkschwinge – dem sogenannten „Paralever" – wurden ergänzt durch die von BMW entwickelte Vorderradführung „BMW Telelever". Hierbei übernimmt ein zentrales Federbein, das mittels eines Längslenkers mit dem Rahmen verbunden ist, die Aufgabe der Feder-Dämpfer-Elemente. Die Teleskopgabel taucht beim Bremsen kaum noch ein und spricht zugleich wesentlich spontaner und feinfühliger an. Für den Fahrer bedeutet dies in Verbindung mit dem ABS-Bremssystem ein hohes Maß an Sicherheitsreserven, das der ungestümen Kraftentfaltung des 282 kg schweren und bis zu 208 kg beladbaren Tourers in jeder Fahrsituation beruhigend gegenübersteht.

Das konsequent angewandte BMW-Prinzip, die Verbindung von traditioneller mit innovativer Technik, zeigt sich vor allem in der Motorisierung: So ist die *RT* mit dem drehmomentstarken *1100er*

Zweizylinder-Boxer mit „Digitaler Motor Elektronik" ausgestattet. Das Ergebnis ist maximale Leistung bei höchstmöglicher Laufruhe. Sein elektronisches Motormanagement sorgt für optimalen Kraftstoffverbrauch und in Verbindung mit dem serienmäßig eingebauten geregelten 3-Wege-Katalysator für eine drastische Reduzierung der Abgasemission.

BMW hat einen Tourer auf den Markt gebracht, der dem Fahrer den Eintritt in eine einmalige Erlebniswelt ermöglicht. Eine Welt, in der klassische Ideale genauso viel zählen wie die der Zukunft.

Waldarbeit ist Schwerarbeit. Dies galt um so mehr in Zeiten, da Zugsäge und Axt die einzigen Werkzeuge waren, mit denen Waldarbeiter ihr mühsames Tagewerk verrichten mußten. Hieran sollte sich erst etwas ändern, als in den 20er Jahren eine Benzinmotorsäge auf den Markt kam, eine transportable, von zwei Mann zu bedienende „Baumfällmaschine". Ein 30 Jahre alter Maschinenbauer aus Stuttgart hatte sie konstruiert. Wenn heute die Motorsäge dem Menschen ein Gutteil der Waldarbeit abgenommen hat, so ist das vor allem diesem Mann zu verdanken: Andreas Stihl.

Mit 46 kg Gewicht bei einer Leistung von 6 PS war STIHLs erste Motorsäge zwar kein Leichtgewicht, doch stellte sie bereits eine respektable konstruktive Leistung dar. STIHL war das aber nicht genug. Nach der Reduzierung der Schwerarbeit kam es ihm nun darauf an, den Motorsägenführer zu entlasten, die Sicherheit bei der Arbeit zu erhöhen und die Handhabung der Säge zu vereinfachen.

Viele Dinge, die heute das Bild einer modernen Motorsäge prägen, wurden von STIHL entwickelt oder erstmals verwirklicht. So rüstete man schon 1935 STIHL-Sägen mit einer automatischen Kettenschmierung aus, brachte 1954 die erste echte Leichtsäge auf den Markt und führte 1968 die erste vollgekapselte elektronische Zündanlage ein.

Ein Meilenstein auf dem Gebiet der Umweltverträglichkeit gelang STIHL 1988: Die *STIHL 044C* kommt als erste Motorsäge mit Abgaskatalysator auf den Markt, der den Anteil der schädlichen Kohlenwasserstoffe im Abgas um bis zu 80 Prozent reduziert. Als echte Universalsäge besitzt sie mit ihren 5,2 PS die nötige Kraft zum Baumfällen und läßt sich mit einem Gewicht von 6,2 kg zugleich leicht und handlich beim Entasten führen.

Das stromlinienförmige Gehäuse der *STIHL 044 C* mit dem extrem flachen Kettenraddeckel erlaubt eine enge Führung der Säge am Stamm.

STIHL hat die *044 C* mit einem aufwendigen Sicherheitspaket ausgerüstet: Das Bremssystem Quickstop bringt die Sägekette bei einem ausreichend starken Rückschlag der Motorsäge in Sekundenbruchteilen zum Stillstand. Hinzu kommt die von STIHL entwickel-

te Einhebelbedienung: ein einziger Schalter steuert alle Funktionen der *STIHL 044 C,* die rechte Hand kann immer am Griff bleiben und die Maschine auf Daumendruck stoppen.

In der *STIHL 044 C* steckt die Erfahrung von 70 Jahren Motorsägenbau, in denen Andreas Stihls 2-Mann-Betrieb der 20er Jahre zum größten Motorsägen-Hersteller der Welt aufgestiegen ist. In rund 140 Ländern der Erde sind heute STIHL-Sägen im Einsatz; die Waldarbeit ist durch sie leichter und sicherer geworden.

Anno 1865, ziemlich genau ein Jahr, nachdem der „Märchenkönig" Ludwig II. König von Bayern geworden war, eröffnete Conditormeister Peter Reber, jüngster Sproß des königlichen Landrichters und Ritters des St.-Michael-Ordens, Dr. jur. Franz Xaver Reber, in der Haupt- und Residenzstadt München eines der ersten damals gerade in Mode gekommenen Confiserie-Conditorei-Cafés.

In den Jahren um 1935 verzweigte sich das Unternehmen, das heute in der fünften Familiengeneration geführt wird, nach Bad Reichenhall. Die idyllische Kurstadt im herrlichen Berchtesgadener Land ist bis heute Firmensitz geblieben. Ludwigstraße 10 lautet die Adresse des Stammhauses Reber, mitten in der renommierten Fußgängerzone Bad Reichenhall gelegen. Beim Gang ins Verkaufsgeschäft präsentiert sich die ganze Palette der süßen Köstlichkeiten in den signifikanten „Reber-Roten" Verpackungen, die das schenkende Herz höher schlagen lassen. Allen voran die echten *Reber Mozart-Kugeln®*.

Die echten *Reber Mozart-Kugeln®* – allerfeinst gefüllt mit Pistazien-Marzipan, aus frischen grünen Pistazien, Haselnuß-Nougat, umhüllt mit edler Praliné-Chocolade, so lautet die verheißungsvolle Rezeptur – diese sind heute, wie eh und je, das Aushängeschild des Hauses. Die vielfältigen, phantasievollen und höchst edlen Verpackungen in allen Größen demonstrieren dies nachhaltig.

Der Begriff „Mozart-Kugel" ist etwa um die Jahrhundertwende geboren worden. Er erschien ca. 1910 in einer deutschen Preisliste. Bei Reber Spezialitäten aus Bad Reichenhall® ist ein eigenes *Mozart-Kugel*-Rezept seit drei Generationen nachweisbar. Der Großvater Paul Reber und später der Vater fertigten nach diesem Rezept die echten Reber *Mozart-Kugeln®*, so wie seit den 60iger Jahren von Reber Spezialitäten nach diesem Familien-Rezept maschinell produziert wird. Aber trotz modernster Technik sind die alten Familien-Rezepte nicht abgeändert worden, sondern die Produktionsanlagen werden entsprechend der traditionellen handwerklichen Verarbeitung speziell gebaut. Dabei werden ausschließlich erlesene Naturrohstoffe verschiedener Provenienzen für die Reber-Rezepturen verwendet. Hochkarätige Fachleute wie Conditoren,

Confiseure und Chocolatiers sind bienenfleißig am Werk, um den immer noch hohen handwerklichen Anteil der Confiserie-Produktion zu bewältigen.

Und die echte *Reber Mozart-Kugel®* hält, was sie verspricht. Viele Millionen verlassen Bad Reichenhall jedes Jahr in alle Himmelsrichtungen. Mit den echten *Reber Mozart-Kugeln®* gilt Reber in Deutschland und weltweit – die Kugeln werden in fast 40 Länder aller Erdteile exportiert – als Marktführer.

Der Mückenschutz – AUTAN

Die kleinsten Vampire sind die gefährlichsten. Stechmücken und Zecken saugen nicht nur menschliches Blut, sondern können dabei lebensbedrohliche Krankheiten wie Malaria, Gehirnhautentzündung oder Gelbfieber übertragen. *AUTAN* vertreibt solche Plagegeister zuverlässig.

Stoffe, die dem Ungeziefer die Nase verderben – Fachleute sprechen von „Repellents" – waren schon immer gefragt. Solche Substanzen oder Mischungen verdampfen nach dem Auftragen auf der Haut und bilden einen „Duftmantel", der bestimmte Insekten abstößt. Natürliche Repellents wie Knoblauch- oder Nelkenöl haben jedoch Nachteile. Sie sind je nach Empfinden auch dem Menschen unangenehm. Ihre Wirksamkeit ist außerdem nur kurz. Erst in unserem Jahrhundert gelang es Chemikern, synthetische Stoffe zu entwickelten, die einen zuverlässigen Schutz über viele Stunden garantieren.

Das Geheimnis der Wirkung von *AUTAN* hat einen unaussprechlichen Namen: Das in diesem Mückenschutz verwendete Repellent heißt Diethyl-m-toluamid (DEET). Schon 1958, als die Bayer-Tochter Drugofa die erste *AUTAN*-Flasche auf den Markt bringt, ist DEET eine bewährte Substanz mit beeindruckenden Eigenschaften. Es wirkt zuverlässig gegen Stechmücken, Bremsen, Sandfliegen, Zecken, Stechfliegen, Milben, Flöhe und Wanzen. Die Wirkung hält stundenlang an, dabei ist die Hautverträglicheit hervorragend. Die Weltgesundheitsorganisation empfiehlt DEET übrigens als einzigen Repellentwirkstoff. Vor diesem Hintergrund verkauft sich *AUTAN* nicht nur in Deutschland hervorragend.

1960 wird die grafische Gestaltung des Produkts verändert. Auf dem rot-gelben Etikett erscheint jetzt der Markenname als weißer Schriftzug. Dieser farbliche Auftritt wird auf alle späteren Packungen übertragen. Die kommenden Jahre bescheren dem Produkt Umsatzsteigerungen von mehr als 100 Prozent. Ein Grund, das Angebot auszuweiten.

Als erste Ergänzung erscheint 1964 das *AUTAN*-Hautspray, ein Jahr später dann der *AUTAN*-Stift. Damit ist das Sortiment zwar komplett, doch es gibt noch Raum für Verbesserungen. So kommen

im März 1976 bruchsichere Kunststoffflaschen in den Handel. Der Bayer-Forschung gelingt es auch, den Wirkstoffgehalt der *AUTAN*-Produkte von 33 Prozent auf 20 Prozent zu reduzieren und dennoch ihre Wirkung beizubehalten: Heute schützt *AUTAN* mit dem Namenszusatz „S" bis zu sieben Stunden lang. Wer in einer Apotheke nach *AUTAN* fragt, hat die Qual der Wahl zwischen Lotion, Creme, Spray und Stift. Egal, in welcher Form der Kunde *AUTAN* kauft: Den Mücken und Spinnentieren dieser Welt hat er damit ein Schnippchen geschlagen.

Die kleinste Mundharmonika der Welt ist 3 cm lang und wird serienmäßig von der Matthias Hohner AG in Trossingen hergestellt. in den unterschiedlichsten Musikbereichen, vom Volkslied über bis zum Blues, beweist die Mundharmonika ihre Vielseitigkeit.

Ihre Geschichte ist relativ jung. 1821 erfand der Thüringer Christian Friedrich Buschmann, angeregt durch die ostasiatische Mundorgel, ein neues Blasinstrument. Dieses, Mundäoline oder Aura genannt, bestand aus zwei parallel liegenden Metallplatten, auf denen Metallzungen in einem Kästchen so angeordnet waren, daß jeweils ein Paar Zungen in einem Luftkanal, den Kanzellen, lag. Das Ein- bzw. Ausatmen versetzte die Metallzungen in Schwingungen und erzeugte so den Ton. In Wien und Böhmen entstanden die ersten Werkstätten, die diese Instrumente bauten. Einfach zu spielen und leicht mitzunehmen, waren sie schnell beliebt und fanden über fahrende Händler weite Verbreitung.

Matthias Hohner, gelernter Uhrmacher und Uhrenhändler im schwäbischen Trossingen, begann 1857 mit der Herstellung von Mundharmonikas. Im Gegensatz zu den übrigen Mundharmonikaherstellern in Trossingen und Umgebung ließ er die Einzelteile für seine Instrumente von anderen Handwerksbetrieben anfertigen. Ein Schreiner fassonierte die Hölzer in immer gleicher Größe, der Messingdraht für die Tonzungen wurde in einem Walzwerk gleichmäßig dünn ausgewalzt. Auch verwendete er für die Deckplatten, die bisher aus Blei, Zink und Zinn gegossen worden waren, Messing. Dadurch erreichte M. Hohner eine schnellere Herstellung, vor allem aber eine gleichbleibende Qualität.

1860 kennzeichnete er seine Instrumente mit dem Namen *Hohner,* bis heute gültiges Qualitäts- und Markenzeichen. Fünf Jahre später wurden die ersten Mundharmonikas in die USA exportiert. 1878 stellte M. Hohner die handwerkliche Fertigung auf industrielle Herstellung um. In einem neuen Fabrikgebäude teilte er die einzelnen Arbeitsschritte auf. Es gab Fräser, Nieter, Stimmer, Aufdeckler, Löser, Aufholzer und Aufnagler. Dadurch stieg die Produktion schon bald in Millionenhöhe.

Doch beschränkten sich die Aktivitäten der Hohner AG nicht

nur auf die Fabrikation von Instrumenten. Das wachsende Interesse an den inzwischen hinzugekommenen Handharmonikas und Akkordeons führte 1931 zur Gründung des Hohner Musikverlages. Damit wurde der Idee des Firmengründers, die Musizierfähigkeit der Jugend zu fördern, ein pädagogischer Rahmen gegeben.

Heute ist die Hohner AG mit einem Vollsortiment der größte europäische Hersteller von Musikinstrumenten. Angefangen hat alles mit der Mundharmonika. Sie ist zur Zeit weltweit in über 300 verschiedenen Variationen lieferbar.

Ein „geborener" Unternehmer war Karl-August Lingner gewiß nicht. Sein Vater war ein kleiner Händler in Magdeburg, der die große Familie mehr schlecht als recht durchbrachte. Allein der Not gehorchend, trat der junge Karl-August 1875 eine Drogisten-Lehre an. Mit 22 Jahren hatte er die nötigen Mittel gespart, um sich seinen Lebenstraum zu verwirklichen: ein Musikstudium in Paris. Eine Krankheit setzte jedoch seiner Künstlerlaufbahn ein vorzeitiges Ende. Dennoch schuf er kurz nach seiner Rückkehr in die Heimat nach Dresden eine Komposition, deren Ruf bald um die ganze Welt ging: *Odol*.

Lingner hatte sich aus ganz persönlichen Gründen der Hygiene zugewandt. Das eigene Krankheitserlebnis hatte ihn veranlaßt, sich mit den noch neuen bakteriologischen Erkenntnissen seiner Zeit vertraut zu machen. In langen Diskussionen mit seinem Freund, dem Naturwissenschaftler Professor Seifert, reifte in ihm die Überzeugung, daß man Bakterien am besten dort bekämpft, wo sie in den menschlichen Körper eintreten, nämlich im Mund. Kurze Zeit später hatte Lingner die Rezeptur für ein antiseptisch wirkendes Mundwasser entwickelt. Unter dem Namen *Odol* – einer Verschmelzung des griechischen Wortes für Zahn, „Odous", mit der lateinischen Bezeichnung für Öl, „Oleum" – kam es 1893 erstmals auf den Markt.

Lingner war Realist genug, um zu wissen, daß sein neues Produkt nicht ohne weiteres Zutun vom Publikum angenommen werden würde. Mund- und Zahnpflege waren nahezu unbekannt, das Wort Hygiene hatte nur für Wissenschaftler eine Bedeutung. Mit der größten Werbekampagne der Jahrhundertwende machte Lingner Mundhygiene und *Odol*-Mundwasser zu populären Begriffen. Er gab mehr als eine Million Reichsmark aus, um in allen wichtigen Publikationen der Welt am gleichen Tag eine *Odol*-Anzeige zu schalten. Zunächst erschien nur der Name des Produktes *Odol*. Nachdem so die Neugier geweckt war, folgte die Information: „Odol, absolut bestes Mundwasser der Welt."

Das Resultat sollte den Aufwand mehr als rechtfertigen. *Odol* wurde zum Wegbereiter der allgemeinen Mundhygiene. Zu die-

sem Erfolg trugen nicht nur die hohe Produktqualität und der prägnante, in allen Sprachen gleichklingende Name bei; auch der weißen Seitenhalsflasche mit dem blauen Etikett kam hierbei entscheidendes Verdienst zu. Sie gilt heute noch als eine der bedeutendsten Designschöpfungen der Markenartikelindustrie. In der Gestaltung erfüllte sie schon früh die Forderungen, die später auch das Bauhaus stellen sollte: die Form entsprach ihrer Funktion. Bis auf Nuancen unverändert, ist sie inzwischen zum Symbol erfolgreichen Durchsetzens der Markenartikelidee geworden.

Die Kaiserstadt Wien war im vergangenen Jahrhundert einer der bedeutendsten Umschlagplätze für Seide in Europa. Große Handelshäuser boten die besten Möglichkeiten zur kaufmännischen und technischen Ausbildung in der Branche. Hier sammelte Max Gütermann die notwendigen Erfahrungen, bevor er 1864 seine eigene Firma gründete.

Zunächst läßt Gütermann Seidenzwirn im Auftrag fertigen und kümmerte sich nur um den Vertrieb. Doch entwickelt sich das Geschäft so rasch, daß der junge Unternehmer sich bald nach einem günstigen Ort für eine eigene Produktionsstätte umsieht. 1867 verläßt Max Gütermann Wien und geht nach Gutach. Er tauscht die Weltstadt gegen das Dorf im Breisgau. Denn die kleine Ortschaft hat wichtige Vorzüge zu bieten: das weiche Wasser der Elz eignet sich hervorragend zum Färben, desweiteren ist Wasserkraft in reichlichem Maße vorhanden, ebenso die Möglichkeit zur Expansion.

„Wir wollen die beste Nähseide auf die wirtschaftlichste Weise herstellen und sie so verkaufen, daß der Verbraucher sie so billig wie möglich erhalten kann." Mit diesem Leitsatz nimmt Gütermann die Produktion auf. Schon bald wird aus *Gütermann's* Nähseide eine Weltmarke, die ihrer guten Qualität wegen gerne gekauft wird. Gütermann entwickelte die heute Allgemeingut gewordene gemusterte Kreuzwicklung auf Papphülsen. Im Einzelhandel wurden diese Röllchen in einer eigenen Verkaufskommode angeboten, die 180 Dutzend Nähseidenröllchen in ebenso vielen Farben fassen konnte und in Zehntausenden von Exemplaren in alle Welt versandt wurde.

Nach dem Zweiten Weltkrieg stand Gütermann vor der Aufgabe, aus den neuen, synthetischen Fasern einen Nähfaden zu entwickeln, dessen Zugfähigkeit und Elastizität auch höchsten Ansprüchen genügte. Man wandte sich dem Verkauf von Erzeugnissen aus synthetischen Fasern aber erst zu, nachdem sie produktionstechnisch ausgereift waren.

Als dann die ersten vollsynthetischen Nähfäden von Gütermann angeboten wurden, fanden sie gleich einen solchen Absatz, daß die

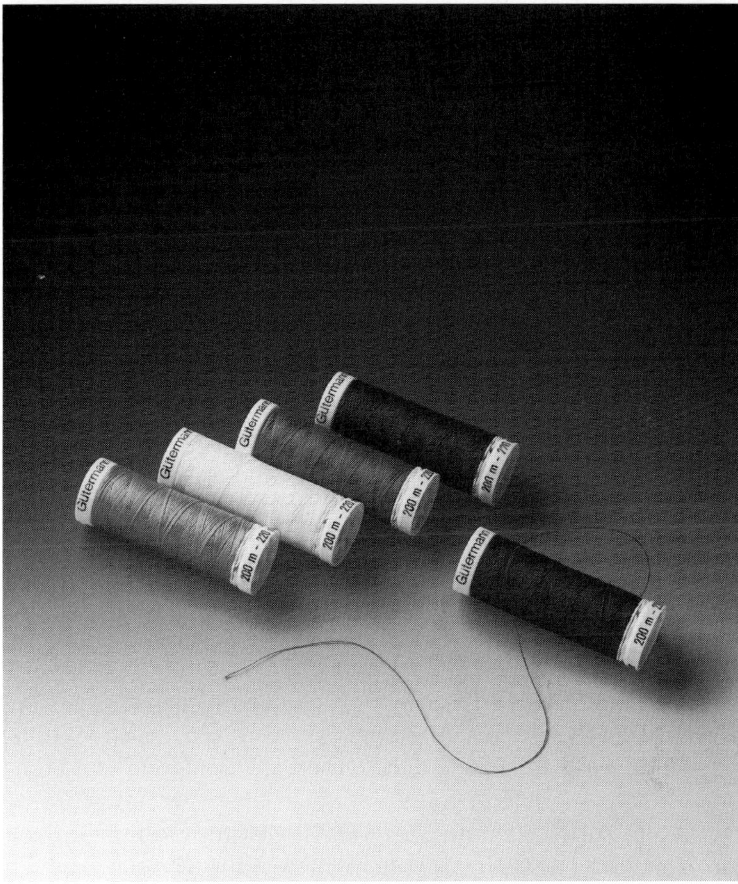

Produktion der Nachfrage kaum nachkommen konnte. Heute sind die Nähfadenspulen von Gütermann mit einem in Langfaser-Technologie hergestellten Nähfaden, aus 100% Polyester, bewickelt.

Heute kann Gütermann auf eine über 130jährige erfolgreiche Firmengeschichte zurückschauen. In steter Beachtung der Gründermaxime, den besten Nähfaden auf die wirtschaftlichste Weise herzustellen, ist es dem Unternehmen Gütermann gelungen, zu einer der größten Nähfaden-Fabriken der Welt aufzusteigen.

Der Ordner – LEITZ

„Der Gesamtcharakter der Welt ist in alle Ewigkeit Chaos", stellte der Philosoph Friedrich Nietzsche 1882 düster fest. Und wer einen Blick in die Büros und Amtsstuben seiner Zeit warf, konnte sich diesem Eindruck schwerlich entziehen. 11 Jahre später aber sollte ein einfacher Handwerker aus Stuttgart mit Zähigkeit und Fleiß für grundlegend neue Verhältnisse in der Verwaltung sorgen. Als Schwabe hielt es Louis Leitz mehr mit der Alltagsweisheit „Ordnung ist das halbe Leben". Denn diese Einsicht besaß in der Gründerzeit entscheidende Bedeutung, da wirtschaftlicher Erfolg zunehmend von der Übersicht in den Büros abhing.

Natürlich war Leitz nicht der erste, der Ordnung ins Chaos von Briefen, Rechnungen und Belegen bringen wollte. Der legendäre Kaufmann Jakob Fugger nutzte die Vorteile der Schriftgutverwaltung bereits konsequent, indem er seine Schriftstücke in Fächern aufbewahren ließ, die nach den jeweiligen Herkunftsorten sortiert waren. Zu Beginn der Neuzeit gab es schon recht ausgeklügelte Verfahren, die noch heute in Redensarten anklingen: Laufende Vorgänge wurden „in Schwebe" gehalten und weniger eilige Post „auf die lange Bank geschoben".

Im 19. Jahrhundert nahm mit dem wirtschaftlichen Aufschwung der bürokratische Aufwand gewaltig zu – eine organisierte Schriftgutordnung wurde erforderlich. Dies war die Stunde von Louis Leitz. 1871 gründete er mit zwei Mitarbeitern in Stuttgart eine Werkstätte zur Herstellung von Metallteilen für Ordnungsmittel. Sein Ziel war es, die damals übliche starre Ablage im sogenannten „Biblorhaptes" durch eine neue Technik zu ersetzen, bei der sich jedes Blatt an jeder gewünschten Stelle einlegen und entnehmen ließ.

1896 gelang Leitz der ganz große Wurf mit der Erfindung des *LEITZ Ordners*. In diesem Ordner, mit der noch heute millionenfach bewährten Hebelmechanik, konnten Schriftstücke erstmals buchmäßig aufbewahrt, sauber umgelegt, rasch eingeheftet und an beliebiger Stelle entnommen werden. Die neuen *LEITZ Ordner* konnten sich schon bald aufgrund ihrer Zuverlässigkeit und Funktionstüchtigkeit gegen alle anderen Systeme durchsetzen.

Seit 1901 zeigt das Rückenschild die Marke *Leitz* in der charakteristischen chinesischen Pinselschrift. Endgültig zum Symbol für Ordnung im Büro wurden die *LEITZ Ordner* aber erst im Jahre 1911: Von nun an ist in ihren Rücken das berühmte Griffloch eingelassen, mit dessen Hilfe die Ordner mühelos aus dem Regal gezogen werden können. Heute tragen bei Leitz ca. 2.500 Mitarbeiter dafür Sorge, daß sich auch in Zukunft das Chaos in den Büros mit über 1.000 modernen Produkten erfolgreich bannen läßt: in Deutschland und in aller Welt.

Das Papiertaschentuch – TEMPO

„Keine Zeit, keine Zeit", hieß ein Schlager der 20er Jahre: „Tempo" war das Motto der Epoche. *Tempo* hieß darum auch der Artikel, mit dem die Vereinigten Papierwerke Nürnberg 1929 ein völlig neues Produkt auf den Markt brachten: das Papiertaschentuch.

Von wem der Einfall stammt, dieses saugfähige und weiche, dabei aber reißfeste Tuch aus Papier herzustellen, ist heute nicht mehr bekannt. Jedenfalls war das *Tempo*-Taschentuch ein großer Fortschritt bei der Einführung hygienischer Lebensgewohnheiten. Doch erst der Kombination von Hygiene und Komfort hat *Tempo* seinen durchschlagenden Erfolg zu verdanken. Wer Schnupfen hat, braucht ein Taschentuch, das sich einfach und rasch entfalten läßt. Immer wieder wurden darum neue Ideen zur Schnellentfaltung des *Tempo*-Taschentuchs entwickelt. Seit 1975 löst die Z-Faltung das Problem buchstäblich im „Ruck-Zuck-Verfahren".

Einen wichtigen Beitrag zum bequemen Gebrauch hat von Beginn an auch die Verpackung geleistet: Bereits die 1953 eingeführte, aufbrechbare, weißblaue Doppelpackung erlaubte eine schnelle Handhabung und einfache Portionierung. 1964 kam das Sechserpack auf den Markt – 60 blütenweiße *Tempo*-Taschentücher für nur eine Mark – , der Vorläufer des Großpacks, mit dem sich *Tempo* heute auf den Verbraucherwunsch nach langfristiger Vorratshaltung eingestellt hat.

Doch zunächst haftete dem *Tempo*-Taschentuch noch ein gewisser Luxuscharakter an. Diese erste Scheu ist längst einem völlig unkomplizierten Konsumverhalten gewichen. Das Papiertaschentuch wurde zum gefragten Gebrauchsgegenstand. Für Skepsis gibt es ohnehin keinen Grund: *Tempo*-Taschentücher sind aus reinem Zellstoff, der umweltfreundlich sauerstoffgebleicht wird, und lassen sich problemlos in der Biotonne entsorgen.

Seit 1988 wurde das *Tempo*-Taschentuch nochmals verbessert. Das sogenannnte „Duo-Faser-System", das es nur bei Tempo gibt, sorgt für neuen Komfort: Kurze Fasern machen das Taschentuch außen noch weicher, lange Fasern im Inneren sichern die Stabilität und Reißfestigkeit.

Das *Tempo*-Taschentuch gibt es übrigens auch als Variante mit

Menthol. Seit 1993 ist *Tempo petit,* der kleine Bruder des *Tempos,* im Taschenformat auf dem Markt. *Tempo* ist nicht nur seit 65 Jahren Marktführer in Europa, sondern steht auch in Hongkong an erster Stelle. Ein solcher Erfolg läßt sich nur durch intensive Arbeit am Produkt wie an der Marke erzielen. *Tempo* tat dies mit einer konsequent an den Verbraucherbedürfnissen orientierten Politik der kleinen Schritte: durch stetige Verbesserung der Funktion, Vereinfachung der Nutzung, Steigerung der Bequemlichkeit und Konstanz im Marktauftritt.

Das Pfefferminzbonbon – VIVIL

Die Idee für *VIVIL* entsteht kurz nach der Jahrhundertwende auf einem Exerzierplatz. Als der Ersatzrekrut August Müller, von Haus aus Kaufmann, in der 10. Kompanie des Infanterie-Regiments Nr. 126 „Großherzog von Baden" dient, sehnt er sich bei strammem Dienst in Staub und Hitze oft nach einer belebenden Erfrischung. Ein Erfrischungsbonbon, so verpackt, daß es in jede Tasche paßt, schwebt ihm vor. Als Grundsubstanz denkt er an Pfefferminze, deren ätherische Öle kühlende Frische bewirken.

1902 bringt die Firma A. Müller & Co. in Straßburg ihr erstes Pfefferminzbonbon auf den Markt. Als Namen hat August Müller sich für *VIVIL* entschieden, eine Bezeichnung, die sich ableitet von dem lateinischen Verb „vivere", „leben", und dem englischen Wort für „Öl", „oil". *VIVIL* bedeutet also „Lebensöl".

Schon von Anfang an denkt August Müller global: Zusammen mit seinem neugefundenen Partner Theo Ehemann vertreibt er die neuartige Erfrischung im Pocket-Format bald in weiten Teilen Europas sowie in England. Bereits im Jahre 1908 unternimmt *VIVIL* erste Gehversuche auf dem amerikanischen Kontinent. Den Vertrieb in den USA organisiert der Bruder des österreichischen Dirigenten und Komponisten Gustav Mahler, dessen Popularität viel zur Beliebtheit der *VIVIL*-Rollen beiträgt. Überall auf der Welt kennt man bald den Namen *VIVIL* als Synonym für frischen Atem.

1920, Straßburg ist nun französisch, siedelt das Unternehmen nach Offenburg am Fuße des Schwarzwaldes um. August Müllers Sohn, Dr. Bruno Müller, sorgt jetzt dafür, daß *VIVIL* durch planmäßige und intensive Werbung buchstäblich in aller Munde ist: Kein Bahnhof, kein Großereignis, keine Sportveranstaltung, wo nicht unübersehbar der Name der populären Erfrischung prangt.

In den Zeiten des „Wirtschaftswunders" ist *VIVIL* aus dem Alltag bereits nicht mehr wegzudenken. Überall, wo Bedarf an einer schnellen Erfrischung besteht, werden *VIVIL*-Automaten aufgestellt, und ab den 70er Jahren wirbt das sympathische *VIVIL*-Krokodil: „Seid frisch zueinander!"

Dem Familienunternehmen VIVIL gelingt es, sein Sortiment im Laufe der Jahre und im Zuge sich stetig verändernder Konsumge-

wohnheiten ganz erheblich zu erweitern. Abgerundet wird die kontinuierlich wachsende Produktpalette von *antjes,* dem milden Pfefferminzbonbon, den Kaubonbons *VIVA soft* und *VIVIL POP* sowie einer Reihe weiterer Frische- und Frucht-Komprimate.

Von Anfang an beschränkte man sich bei der Herstellung von *VIVIL* auf natürliche Rohstoffe – ein Prinzip, dem man bis heute treu geblieben ist. Heute ist der Markenname *VIVIL* bei neun von zehn Bundesbürgern bekannt und beliebt als der kühle Dauerbrenner Nr. 1.

Das Pflaster – HANSAPLAST

Man schrieb den 28. März des Jahres 1882, als dem Hamburger Apotheker Carl Paul Beiersdorf das Reichspatent Nr. 20057 erteilt wurde. Niemand hätte ahnen können, daß seine Patentschrift für die „Herstellung gestrichener Pflaster" die „Geburtsurkunde" eines Weltunternehmens sein würde.

Zwei Jahre zuvor hatte Beiersdorf eine Apotheke in Hamburg übernommen, in der er chemische Analysen für medizinische Zwecke erstellte. Durch diese Nebentätigkeit wurde der junge Arzt Paul Gerson Unna, später einer der berühmtesten deutschen Dermatologen, auf den Apotheker aufmerksam. Unna suchte nach neuen Möglichkeiten, um Arzneien zur Behandlung von Hautkrankheiten wirkungsvoll einsetzen zu können. Auf seine Anregung entwickelte Beiersdorf Pflastermulle auf der Basis von Guttapercha, dem Milchsaft einer malaiischen Baumart, der wie Kautschuk vulkanisiert werden kann und sich für die Herstellung von Pflastern sowie Verbandsmaterial vorzüglich eignet.

Die revolutionierende Neuerung dieser „gestrichenen Pflaster" bestand im Zusammenwirken verschiedener Eigenschaften: Es gelang damit zum ersten Mal, eine gebrauchsfähige und haltbare Anwendungsform für Arzneistoffe herzustellen, bei der die Resorptionsfähigkeit der Haut genutzt werden konnte. Außerdem waren dies die ersten Pflaster, die schon bei Zimmertemperatur gut auf der Haut hafteten und auch haften blieben. Aufgrund der hervorragenden Hautverträglichkeit und des guten Haftvermögens kam Beiersdorf auf die Idee, dieses Pflaster für die Fixierung von Verbänden weiterzuentwickeln.

Als der findige Hamburger 1901 das erste weiße Zinkoxid-Kautschuk-Pflaster der Medizingeschichte auf den Markt brachte, gab er ihm den Namen „Leukoplast", das „weiße Pflaster". Dank seiner einmaligen Eigenschaften wurde es zum Vorbild für Verbandspflaster in der ganzen Welt. Von da zum Wundverband *Hansaplast* war es dann nur noch ein kleiner Schritt: Das Leukoplast wurde zusätzlich mit einer Wundauflage und einer Schutzabdeckung versehen, und schon war ein weiteres medizinisches Mittel geboren, das heute die Schürfwunde eines deutschen Schulkindes genauso

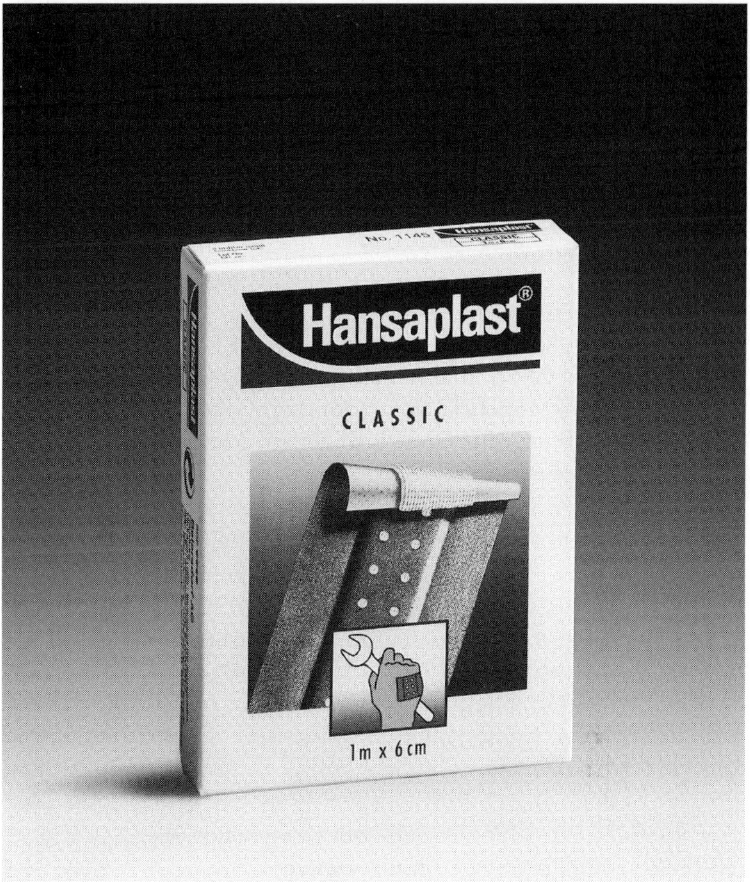

versorgt wie die Schnittverletzung eines Eskimos in Alaska. Seit 1923 wird *Hansaplast* auch systematisch im Ausland verkauft und heute in über 100 Ländern der Welt vermarktet. Bereits um die Jahrhundertwende hatte sich die Beiersdorfsche Apotheke zur Firma Paul Beiersdorf & Co. gemausert. Heute ist Beiersdorf ein Großunternehmen mit mehr als 50 Tochtergesellschaften in 36 Ländern der Erde, in dem längst nicht mehr nur Verbandsmittel, sondern auch Produkte zur Körperpflege sowie Klebebänder für den technischen Einsatz produziert werden.

Europas erstes Porzellan wird seit 1710 im Tal der oberen Elbe, in der mittelalterlichen Stadt Meißen, hergestellt. In diesem Jahr ließ der sächsische Kurfürst und polnische König „August der Starke" (1670-1733) auf der Albrechtsburg zu Meißen die erste Porzellan-Manufaktur Europas einrichten. Er verwertete damit die Erfindung Johann Friedrich Böttgers (1682-1719): Dem „Goldmacher" war es gelungen, das „Chinesische Geheimnis" um die Porzellanherstellung zu entschlüsseln. Mehr noch, er erfand das weiße, europäische Hartporzellan, welches einen höheren Kaolinanteil aufweist als das ostasiatische. China und Japan übten in den Anfangsjahren der „Churfürstlich-Sächsischen-Königlich-Polnischen Porzellan-Manufaktur" einen spürbaren Einfluß auf Meißener Form- und Dekorgestaltungen aus.

Die Meißener Manufaktur belieferte in den ersten Jahrzehnten ihrer Existenz neben dem sächsischen vorrangig andere deutsche und europäische Höfe. Dabei prägten vor allem zwei Persönlichkeiten den „Meißener Porzellanstil", von dem eine entscheidende Vorbildwirkung auf alle nachfolgend gegründeten Porzellan-Manufakturen ausging.

Der Maler und Chemiker Johann Gregorius Höroldt (1696-1775) schuf eine breite Palette brillanter Porzellanfarben, deren Rezepte die Grundlage für die heutige Farbherstellung bilden, während Johann Joachim Kaendler (1706-1775) in seiner über 40jährigen Tätigkeit für die Meißener Manufaktur über 2.000 Figuren und unzählige Serviceformen kreierte.

In der Heraldik von roter Farbe bürgen die bekannten „Gekreuzten Blauen Schwerter" als ältestes deutsches Warenzeichen seit über 250 Jahren für die außergewöhnliche Qualität Meissener Handarbeit. Wie damals werden sie auch heute in Kobaltblau per Hand auf den einmal gebrannten Scherben aufgebracht und von der Glasur geschützt. In die wohl populärste Meißener Dekoration überhaupt, das „Zwiebelmuster", sind sie seit 1888 fest integriert.

Insgesamt umfaßt das aktuelle Meißen-Sortiment die unvorstellbare Zahl von über 150.000 Artikeln. Dreitausendfünfhundert handgemalte Dekore gehören ebenso dazu wie fast viertausend

verschiedene Figuren. Um das hohe Niveau der kunsthandwerklichen Tätigkeit zu halten und auszubauen, durchlaufen seit Generationen Meißener Maler- und Bossiererlehrlinge eine fundierte, umfangreiche Berufsausbildung vor Ort.

Die Staatliche Porzellan-Manufaktur Meißen ist am 26. Juni 1991 in das Eigentum des Freistaates Sachsen zurückgekehrt. Als Pflegerin jahrhundertealter Traditionen bewahrt sie der Welt kunsthandwerkliche Fertigkeiten, etwa der Porzellanmalerei, die anderswo schon „ausgestorben" sind.

Der Quittungsblock – ZWECKFORM

„Zweckform formt die Mittel zweckentsprechend" – Dieser Werbeslogan aus der Frühzeit des Hauses Zweckform hat von seiner Gültigkeit bis heute nichts eingebüßt. Der Name Zweckform, der die Unternehmensphilosophie in ein einziges Wort kleidet, ist typisch ist für den Geist der Zeit: Sich die Mittel nach dem gewünschten Zweck zu formen, war in den Nachkriegsjahren lebenswichtig. Hier knüpft die Geschäftsidee von Zweckform an: Deutschland beim Wiederaufbau mit zweckmäßigen Formularen zu versorgen, wobei die Form stets dem Zweck zu dienen hat, wie die Rangfolge im Namen signalisiert – *Zweckform* eben.

Diese Funktion erfüllt Zweckform heute wie damals: Aus keinem Büro sind *Zweckform*-Formularbücher wegzudenken. Keine Funktion, für die Zweckform nicht das „zweckentsprechende" Formular erdacht hätte. Der Firmenname steht inzwischen für das Büroformular schlechthin: Versehen mit einem durchgängigen Erscheinungsbild, hat es Zweckform im Laufe der Jahre zum Markenartikel erhoben.

Das uns allen bekannte klassische Modell ist der Quittungsblock, der seit nunmehr über 50 Jahren in fast unveränderter Gestalt seinen Dienst tut. Zum zweiten Standbein des Unternehmens wurde seit 1958 die Selbstklebetechnologie, die Zweckform zum Marktführer bei Etiketten aller Art machen sollte.

Hermann Steinbeis und Paul Nordmann entwickeln noch vor Kriegsende das Konzept für die „Zweckform Schreibwaren und Bürobedarfs G.m.b.H.". Im Kuhstall eines Bauernhofes in Oberlaindern/Oberbayern entsteht 1946 der kleine Druckereibetrieb, der mit 14 Artikeln und wenigen Mitarbeitern die Produktion startet. Unter Paul Nordmann, für drei Jahrzehnte Unternehmenleiter, beginnt ein rasanter Aufstieg. Der Kundenstamm wächst in Kürze über Bayern hinaus, 1949 geht man in den Export.

Mitte der 60er Jahre ist Zweckform größter europäischer Hersteller für Durchschreibebücher. Bis Mitte der 90er Jahre werden hochwertige, vielseitig einsetzbare Spezialetiketten für Ink-Jet-Drucker und Laser-Drucker und Kopierer zur wichtigsten Produktgruppe.

Zweckform, seit 1975 unter der Leitung von Rupprecht Steinbeis und Egon Stumpf, ist heute einer der führenden Hersteller für Büro- und Consumerprodukte, außerdem der Marktführer bei Etiketten aller Art, Adreßetiketten, spezielle Ink-Jet-, Laser- und Kopieretiketten sowie Folien, Papier und Software. Über 50 Länder der Erde werden von Zweckform beliefert. Alles, was Organisation und Ordnung vereinfacht, trägt auch in Zukunft den Namen *Zweckform*.

Der Radiergummi – LÄUFER

Vor rund 1.600 Jahren empfahl ein römischer Maler seinen Schülern, Bleistiftstriche mit Brot auszuwischen. Dies bedeutet eigentlich nichts anderes, als daß der erste Radierer offensichtlich ein Brot war? Nun denn. Der britische Naturforscher Priestley kam dem ersten richtigen Radiergummi da wohl ein ganzes Stück näher auf die Spur, als er im Jahre 1770 darauf hinwies, daß sich kleine Kautschukwürfel vorzüglich zum Radieren eignen ...

Die eigentliche Geburtsstunde des Gummis schlug im Jahre 1839, als Charles Goodyear versehentlich eine Mischung aus Kautschuk und Schwefel auf eine heiße Herdplatte fallen ließ. Der Stoff brachte phantastische Möglichkeiten mit sich und sollte auch die Welt des Schreibens verändern. Die revolutionären Möglichkeiten des per Zufall entdeckten neuen Stoffs begeisterten auch Martin Renner und Hermann Schwerdt, die in Hannover 1922 die Läufer Gummiwarenfabrik gründeten. Mit dem publikumswirksamen Slogan „Für Gummi mit dem Läufer – ist jeder Kenner Käufer" eroberten die ersten *Läufer*-Radiergummis fortan den Markt und begannen eine beispielhafte Karriere.

Aber nicht nur mit Radiergummis hatte das junge Unternehmen in den Zwanziger Jahren Erfolg. Auch die Gummiringe, mit denen Läufer 1925 auf den Markt kam, entwickelten sich zu „Rennern" in der Gunst der Käufer. Ob 1927 mit Schreibunterlagen aus Gummi, ob ein Jahr darauf mit dem Klebkraft spendenden Markenanfeuchter: Im Hause Läufer hatte man schon damals immer wieder pfiffige Produktideen und „Süße Einfälle". Als 1953 *Süße Läufer*-Pralinen in Radiererform in die Geschäfte kamen, sprach davon die ganze Branche.

Obwohl die Produktpalette des Unternehmens mit den Jahren immer vielseitiger wurde, steht ein Produkt seit über 70 Jahren im Mittelpunkt: der Radierer von Läufer. Wohl jeder hat in seiner Schulzeit mit einem Radiergummi von Läufer über seinen Heften gesessen und wegradiert, was weg sollte. Oder später im Büro.

Will man einen Radiergummi aus dem großen Radiererangebot aus Naturkautschuk, thermoplastischem Kautschuk, Kunststoff oder recyceltem Material hervorheben, dann sollte dies der beliebte, ja

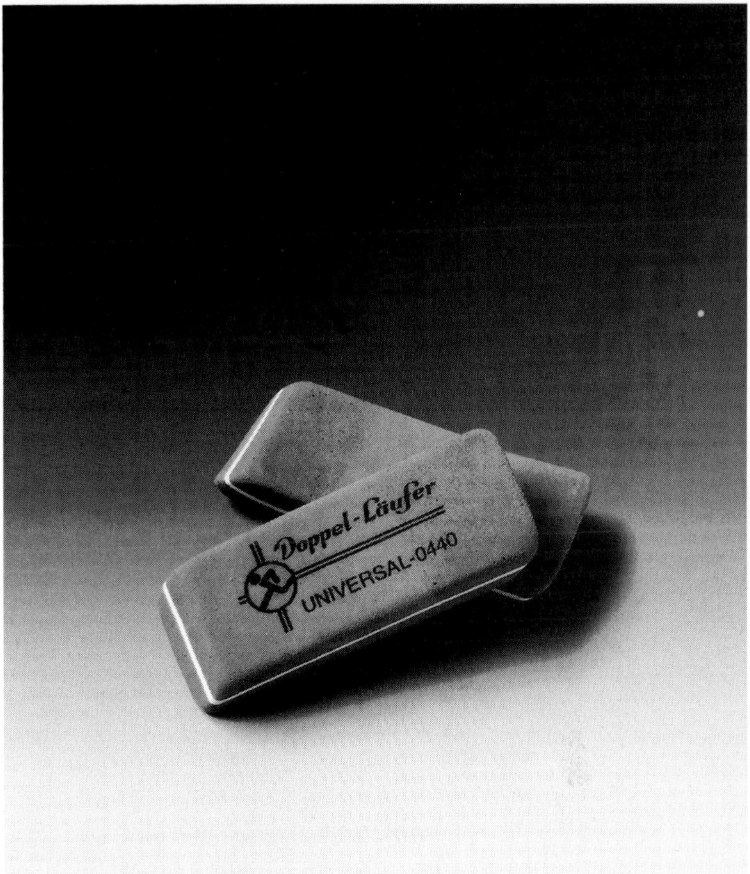

legendäre, *Doppel-Läufer Universal 0440* sein. Der bekannte Universalgummi, bei dem die rote Seite Bleistifte und alle Kopier- und Farbstifte, die blaue Seite Tinte, Tusche und Schreibmaschinenschrift radiert, ist der Klassiker von Läufer.

Jeder Radiergummi von Läufer, der auf dem Schreibtisch liegt, wurde mit modernster Technik, handwerklicher Erfahrung und ausgesuchten Rohstoffen gefertigt. Denn das Unternehmen aus Burgdorf hat das große Ziel, daß eines Tages rund um den Globus Produkte von Läufer verwendet werden.

Der Rasierapparat – BRAUN MICRON

Als 1950 der erste Braun Elektrorasierer auf den Markt kam, bevorzugten in Deutschland 95 Prozent aller Männer die Naßrasur. Die Idee des Trockenrasierens reicht zwar bis zur Jahrhundertwende zurück, doch waren die erhältlichen Apparate kaum geeignet, die Männer zum Verzicht auf das allmorgendliche Einseifen zu bewegen: Sie schmerzten bei der Rasur, schoren den Bart nur unvollkommen und strapazierten die Haut. Heute hat sich das Bild deutlich gewandelt: Weit mehr als die Hälfte der bundesdeutschen Männer rasiert sich trocken. Hervorragendes Verdienst an dieser Entwicklung kommt den Bestsellern des Marktführers Braun zu.

Das Unternehmen mit Hauptsitz in Kronberg (Taunus) und Produktionsstätten in drei Erdteilen hält die weltweite Marktführerschaft bei Elektrorasierern. In den 60er Jahren gelang Braun mit dem *sixtant* der entscheidende Durchbruch bei dem Versuch, die Rasiergewohnheiten der deutschen Männer zu verändern. Am Anfang stand der Vorsatz, mit dem Trockenrasierer nicht nur eine akzeptable Alternative zur Naßrasur zu erreichen, sondern eine wirkliche, an praktischen Gesichtspunkten orientierte Verbesserung zu schaffen. Die Lösung dieser Aufgabe war das Scherfoliensystem, das Braun zur Reife brachte. Die hauchdünne und hochelastische Scherfolie auf dem Untermesser führt die wabenförmigen Scheröffnungen ganz nah an die Hautoberfläche heran, so daß auch feinste und kürzeste Barthärchen vollständig abgeschoren werden. Die Platinbeschichtung der Folie wirkt antibakteriell und läßt das Scherblatt schonend über die Haut gleiten. Dadurch eignet sich das System besonders auch für empfindliche Haut.

Prominentes Beispiel für diese Technologie sind die Modelle *Braun micron* und *Braun micron plus.* Ihre ausgereifte Technik und Gebrauchsqualität haben sich millionenfach bewährt. So zeichnet sich der *Braun micron plus exclusive* speziell bei Problemzonen am Hals durch besondere Feinfühligkeit dank eines raffinierten Einfädelungssystems aus. Die rutschsichere weiche Noppenoberfläche verleiht ihm festen Halt in jeder Hand. Die „two-way Version", der *Braun micron S universal,* dient dem „bewegten Mann" zuhause und unterwegs: Ein eingebautes Ladeteil mit Lade-Kon-

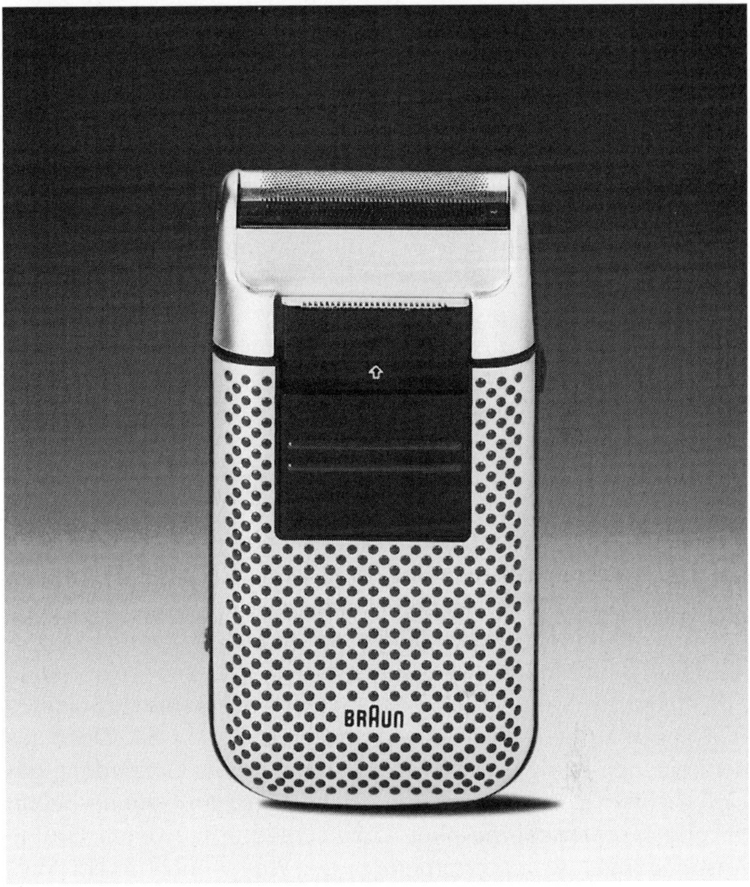

trollanzeige und Überladeschutz ermöglicht die Rasur mit oder ohne Kabel. Und schließlich beruht auch noch der moderne Netzrasierer *Braun 808* mit Parallelriffelung und Spiegelkassette auf dem *micron*-Rasiersystem.

So wie diese verkörpern auch alle anderen derzeitigen und künftigen Systeme und Modellvarianten die überlieferte Tradition des Hauses Braun, exklusives Design, anspruchsvolle Ausstattung und ausgereifte Technik perfekt aufeinander abzustimmen, um mit jedem einzelnen Gerät höchsten Rasierkomfort zu gewährleisten.

Not macht erfinderisch. Behindert durch eine Verletzung aus dem Ersten Weltkrieg, konnte der Bergassessor a.D. Hans Haupt keinen Langschirm mit sich führen. Deshalb machte er sich ans Werk, einen Schirm mit zusammenschiebbarem Gestell zu konstruieren, den man einfach in die Tasche stecken konnte. Die Schirmbranche aber tat diesen *Knirps,* wie der Erfinder seine Konstruktion bald nannte, als technische Spielerei ab, bis Haupt Anfang der 30er Jahre bei einem Mann vorsprach: Fritz Bremshey.

Die Schirmindustrie galt damals als eine sterbende Branche. Regenschutzkleidung war groß in Mode, und in den aufkommenden modernen Verkehrsmitteln wurde der Langschirm als unpraktisch empfunden. Fritz Bremshey erkannte im *Knirps* sogleich den „Schirm für alle Fälle", den man bei gutem Wetter bequem in der Tasche tragen konnte und der dennoch bei Regen vollwertigen Schutz bot. Energisch setzte Bremshey sich für die Übernahme des neuen Taschenschirms ein, und 1932 kam für 12,50 Reichsmark der erste Damen-*Knirps* in den Handel. Der Erfolg gab Bremshey recht: Schon nach wenigen Jahren war in Deutschland ein neues Wetter in aller Munde: das „Knirpswetter".

Nach dem Zweiten Weltkrieg brachten amerikanische Soldaten den *Knirps* als deutsches Souvenir erstmals in die USA. Doch aus dem eigenen Erfolg erwuchs zugleich die größte Gefährdung des Unternehmens: der Name *Knirps* hatte sich zum Gattungsbegriff für alle Taschenschirme ohne Unterschied ausgeweitet. Größte Anstrengungen waren erforderlich, den *Knirps* nicht in der Markenanonymität untergehen zu lassen. Zur Markenaktualisierung wurde darum der „Rote Punkt" geschaffen, der fortan als das *Knirps*-typische Markensymbol und Qualitätssiegel breiteste Anerkennung gefunden hat.

Im Laufe der Jahre brachte Knirps immer neue Modelle heraus, so 1938, als das Tragen eines Schirms noch als unmännlich galt, bereits den ersten Herren-*Knirps.* Nach Einführung der Automatik 1965 sorgten bald der flache *Etui-Knirps,* der *Mini* und immer weitere aktuelle Variationen des klassischen Prinzips für neue Aufmerksamkeit.

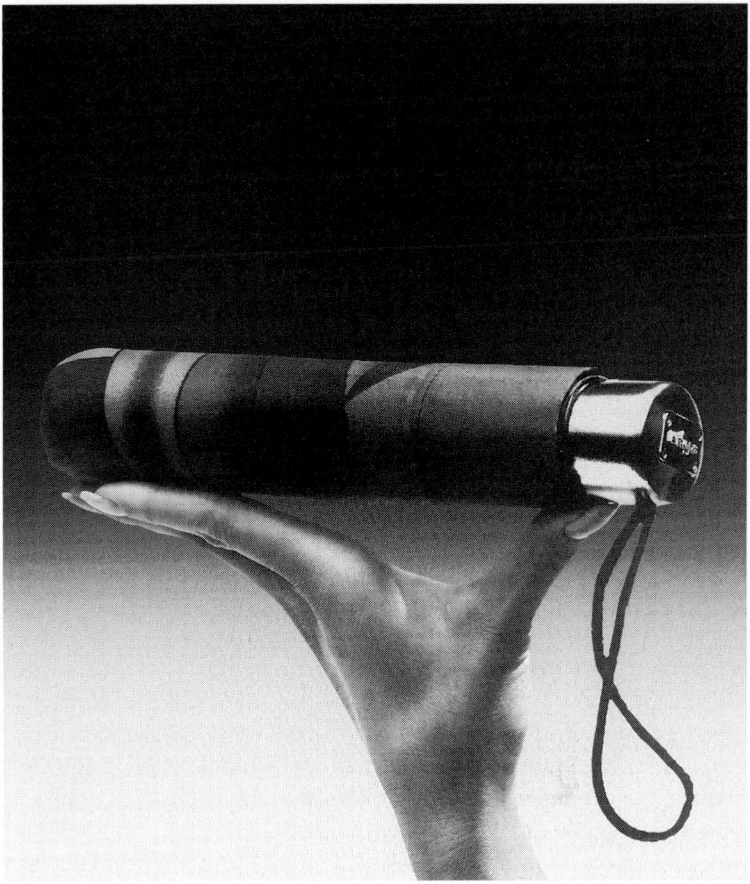

Mittlerweile ist man bei KNIRPS INTERNATIONAL vollauf beschäftigt, dem jeweiligen Zeitgeist entsprechende Modelle mit dem richtigen Bezug zu ihrem Regeneinsatz und Käufer zu kreieren. Heute ist der *Knirps* einer der Großen unter den Markenartikeln: Neun von zehn Menschen ist er hierzulande ein Begriff – und international der einzige Schirmmarkenartikel mit Weltgeltung. Damit hat Knirps eine Spitzenposition in einer Entwicklung erreicht, die einst dem Prinzip „Not macht erfinderisch“ entsprang – und die seitdem einen völlig neuen Markt geschaffen hat.

Das 19. Jahrhundert war das Jahrhundert der schrumpfenden Distanzen. Dank Eisenbahn und Dampfschiffahrt rückten Städte und Länder zusammen, die vormals in unerreichbarer Ferne lagen. In dieser Zeit wurde der Reiseführer geboren, der weltweit zum Inbegriff dessen werden sollte, wessen ein Reisender an Information bedarf: der *Baedeker*.

Strenggenommen war der erste *Baedeker* ein „Klein". So nämlich hieß der Verfasser der „Rheinreise von Mainz bis Cöln", die 1828 zur Eröffnung der Preußisch-Rheinischen Dampfschiffahrtgesellschaft erschienen war. Schon bald wurde Karl Baedeker, ein junger Buchhändler aus Koblenz, auf dieses „Handbuch für Schnellreisende" aufmerksam. 1832 erwarb er die Rechte an dem Werk und arbeitete die „Rheinreise" entscheidend um. Seine bahnbrechende Neuerung war, daß er erstmals in einem Reisebuch Darstellungen zu Geschichte und Kultur systematisch mit reisetechnischen Hinweisen verknüpfte. Er versah die neue „Rheinreise" nicht nur mit Ansichten, Plänen und Karten, sondern auch mit Fahrplänen, Öffnungszeiten von Museen und Angaben zu besonderen Veranstaltungen. Herausragende Sehenswürdigkeiten markierte er mit Sternchen. Dazu notierte er akribisch, wo man gut und preiswert essen, schlafen und einkaufen konnte – und wo der Reisende Gefahr lief, übervorteilt zu werden. Denn es war Baedekers erklärtes Ziel, den Menschen die Angst vor dem Reisen in der Fremde zu nehmen.

1835 kam die erweiterte „Rheinreise von Basel bis Düsseldorf" unter Kleins Namen ein zweites Mal heraus. Binnen drei Wochen war die gesamte Auflage von 10.000 Exemplaren verkauft. Dieser Erfolg ermutigte Baedeker, sich auch über die deutschen Grenzen vorzuwagen. Die Zuverlässigkeit seiner neuartigen Reiseführer wurde schon bald in ganz Europa sprichwörtlich. „Die Regierung kann irren", lautete in England ein geflügeltes Wort, „aber niemals Mr. Baedeker."

In den 70er Jahren hatte der nach dem Zweiten Weltkrieg wiederaufgebaute Verlag sein Konzept gefunden, die alten *Baedeker*-Vorzüge mit den vielen neuen Anforderungen heutiger Reisender zu verbinden. Große Pläne und Karten, exakte Abstimmung von

Text, Illustrationen und Kartenwerk sowie permanente Aktualisierung der Daten machen auch den neuen *Baedeker* zu einem zuverlässigen Reisebegleiter. In Verbindung mit der „Allianz" als Partner erschienen die berühmten roten Bände in kürzester Zeit wieder in fast allen europäischen Sprachen. Die Zahl der verkauften *Baedekers Allianz Reiseführer* stieg auf jährlich über zwei Millionen. Damit ist *Baedeker* nicht nur der traditionsreichste, sondern auch einer der größten modernen Reiseführer der Welt.

Gesundheitsbewußte Menschen benutzen ihren Schnellkochtopf zum vitamin- und nährstoffschonenden Garen von Speisen schon seit langem. Wenn heute die Zubereitung von Speisen im Schnellkochtopf in bundesdeutschen Haushalten zur unproblematischen Selbstverständlichkeit geworden ist, so ist das vor allem einem Hersteller zu verdanken: der Firma FISSLER in Idar-Oberstein.

Das Prinzip des Schnellkochtopfs ist einfach. In einem fest verschraubbaren Kochtopf mit Deckel werden die Speisen unter leichtem Überdruck von 0,4 bar – das entspricht ca. 109 Grad Celsius – des eingeschlossenen Dampfes wesentlich schneller gar als in einem herkömmlichen Topf. Die Vorteile liegen auf der Hand: bei der Zubereitung im Schnellkochtopf spart die Hausfrau Zeit und Energie. Der Strom- oder Gasverbrauch sinkt bis zu 50 Prozent, während die Kochzeiten sich sogar auf ein Drittel reduzieren lassen: ein Rindergulasch, das in einem herkömmlichen Topf eine Garzeit von anderthalb Stunden braucht, ist im Schnellkochtopf nach nur 20 Minuten so zart, daß es „auf der Zunge zergeht".

Garen im *Fissler vitavit royal* geht nicht nur rasch, sondern auch sicher, einfach und schonend. Der *Fissler*-Schnellkochtopf läßt sich mühelos tragen, schließen und öffnen. Beim Schließen schnappt die Öffnungstaste automatisch ein und bildet so eine sichtbare Sicherheitsverriegelung. Das gekapselte Kochventil besteht aus nur zwei Teilen; es braucht zur Reinigung nicht ausgebaut zu werden und ist daher praktisch wartungsfrei. Für das automatisch richtige Ankochen sorgt die bewährte Fissler Unimatik im Griff, die außerdem als zusätzliche Überdrucksicherung wirkt. Sie schließt den Topf selbständig im richtigen Moment – genau dann, wenn der vitaminschädliche Luftsauerstoff aus dem Topf entwichen ist.

Das Kochen mit dem *Fissler vitavit royal* ergibt gesunde und wohlschmeckende Speisen, denn Vitamine, Nährwerte und Aromastoffe bleiben in den Zutaten, statt sich in der Wohnung zu verbreiten. Zwei Garstufen machen es möglich, für jedes Kochgut die richtige Gartemperatur zu wählen: die Schonstufe mit 104 Grad für zartes Gemüse, Geflügel, Obst und Fisch, die Schnellstufe mit 109 Grad für Fleisch und andere langgarende Lebensmittel. Der

extrem wärmeleitende Thermicboden ist für alle Herdarten und Glaskeramik-Kochfelder geeignet. Und schließlich kann sich der *Fissler vitavit royal* mit seinem jugendlichen Design in jeder Küche sehen lassen.

Der Schnellkochtopf *Fissler vitavit royal* ist das Ergebnis von über 30 Jahren praktischer Erfahrung und über 10 Millionen verkaufter Schnellkochgeräte dieses bedeutenden Herstellers. Sein Name steht heute in Deutschland als Standardbegriff für die leichteste Art, schnell und gesund zu kochen.

Der Schnuller – NUK

Mitte 1949 war es, als ein völlig neues Produkt für die Flaschenfütterung von Babys und Kleinkindern entstand, das zum Inbegriff einer Saugergattung schlechthin werden sollte: Der kiefergerecht geformte *NUK*-Sauger war da.

Damals versuchte der Zahnmediziner Dr. med. dent. Müller, durch seine Studien genaue Erkenntnisse über das Wachstum des kindlichen Kiefers zu gewinnen. Er stellte fest, daß die gesunde Entwicklung des Babys am besten durch einen kiefergerecht geformten Sauger unterstützt wird – dem natürlichen mütterlichen Vorbild nachempfunden. Aus dieser Erkenntnis heraus wurde der *NUK* Sauger entwickelt, wobei sein Name nicht nur klanglich an den Vorgang des „Nuckelns" denken läßt, sondern auch als Abkürzung für „natürlich und kiefergerecht" steht.

Wissenschaftlich begleitet und durch umfassende Studien und Beiträge in den Fachzeitschriften abgesichert wurde diese Entwicklung durch den Mediziner Prof. Dr. Dr. Balters. Der *NUK*-Sauger gilt als erster Sauger, der nach dem Vorbild der Natur geschaffen wurde.

Zwei Herren in Frankreich mit den Namen Marret und Paturel waren es, die 1948 ihre Namen zur Firma MAPA verschmolzen. Mit der Übernahme der Hanseatischen Gummiwarenfabrik gelangte die MAPA in den Besitz der Herstellpatente und des Warenzeichens *NUK*. In den folgenden Jahrzehnten wurde nach allen Regeln der modernen Markentechnik am Erfolg des *NUK*-Markenkonzeptes gearbeitet. Heute ist die Marke *NUK* mit großem Abstand Marktführer, und die Bekanntheit hat den kaum noch zu steigernden Wert von 93 % erreicht.

In späteren Studien wurde festgestellt, daß Kiefer, Gaumen und Mundhöhle eines Kindes sich in den ersten Lebensmonaten besonders schnell entwickeln, eine einzige Saugergröße dem Wachstum also nicht gerecht wird. Als logische Konsequenz wird das *NUK*-Größen-Konzept eingeführt – Ernährungssauger in zwei Größen, Beruhigungsschnuller in drei Größen, abgestimmt auf die wichtigen Wachstumsphasen des Babys.

Mit Blick auf die Anforderungen im Babyhaushalt entstand der

Systemgedanke, *NUK*-Sauger zusammen mit den passenden Flaschen anzubieten – so wurde das „Handling" der beiden wichtigsten Produktgruppen im Babyhaushalt erheblich vereinfacht. Eine neuere wichtige Errungenschaft ist schließlich das Ventil im *NUK*-Sauger, das ein Trinken in gleichmäßigen Zügen ermöglicht.

All diese Optimierungsmaßnahmen reflektieren die ausgeprägte Innovationskraft und Kompetenz der Firma MAPA – mittlerweile ist *NUK* in 58 Ländern als „ein wichtiges Stück Mutterliebe" bekannt und beliebt.

Im Zeitalter der Aufklärung galt Schokolade als ein ausgesprochener Muntermacher, der oft sogar unter Zugabe von Pfeffer genossen wurde. Bis zur Mitte des 20. Jahrhunderts allerdings dachte man bei Schokolade eher an ältere Tanten und freundliche Onkels. Wenn wir heute in der Schokolade wieder einen herzhaften Genuß für junge und junggebliebene Menschen erkennen, so geht dies auf die Quadratur ihrer Tafel zurück: *Ritter SPORT.*

Am Anfang der Firmengeschichte stand das Jawort, das sich Alfred und Clara Ritter im Jahre 1912 gaben, denn kurz nach der Heirat folgte die Gründung des gemeinsamen Betriebs. Die Braut hatte bereits einen Süßwarenladen in Bad Cannstatt besessen, während der Bräutigam als selbständiger Konditor tätig gewesen war. Zusammen führten die Eheleute die Firma zu einer Größe, die 1930 den Umzug ins nahe gelegene Waldenbuch erforderlich machte. Hier wurde nur zwei Jahre später das Schokoladequadrat *Ritter's SPORTSCHOKOLADE* aus der Taufe gehoben.

Nach dem Zweiten Weltkrieg breitete sich Ritter bald in ganz Süddeutschland aus. Mit seiner Flugzeugwerbung gelang dem Unternehmen in den 50er Jahren, wonach viele Firmen selbst mit aufwendigen Kampagnen vergeblich streben: der Einbruch eines Werbeslogans in die Umgangssprache. „Mit Ritter SPORT kann ich das auch" wurde zum geflügelten Wort.

Bis Ende der 60er Jahre stellte Ritter noch eine Vielzahl von Schokolade-Produkten her, die einer bundesweiten Durchsetzung der Marke allerdings eher hinderlich war. Als 1964 die bis dahin gültige Preisbindung von 1 DM für eine Tafel Schokolade fiel und es zu einer drastischen Verschärfung des Wettbewerbs kam, kürzte man das Sortiment radikal, um sich ganz auf das Schokolade-Quadrat zu konzentrieren. Schokolade war zu einer alltäglichen Selbstverständlichkeit geworden, die aktive Menschen überall und ohne Umstände genießen wollten. Diesem in den 60er Jahren entstehenden Konsumverhalten entsprach *Ritter SPORT* wie keine andere Schokolade: Sie war „Quadratisch. Praktisch. Gut.".

War *Ritter SPORT* zunächst nur in vier klassischen Sorten erhältlich, so sind es heute siebzehn. Um die Vielfalt, die Modernität

und den sportlich-jugendlichen Charakter der Marke noch besser zu dokumentieren, bekam 1974 jede Sorte eine eigene, spezifische Farbe. Heute genießt *Ritter SPORT* eine bundesweite Spitzenstellung. Pro Tag werden über zwei Millionen bunte *Ritter-SPORT*-Quadrate produziert. Damit ließe sich die Strecke Stuttgart – Mailand pflastern. Der Erfolg des Schokoladequadrats macht einmal mehr deutlich, daß nur ein hochwertiges Produkt, gepaart mit kontinuierlicher und einfallsreicher Werbung, am Markt durchgesetzt werden kann.

Die Schuhcreme – ERDAL-REX

Eine sachgemäße Schuhpflege war bis zum Ende des 19. Jahrhunderts praktisch unbekannt. Erst als feinere Lederarten in unterschiedlichen Farben bei der Schuhherstellung Verwendung fanden, widmete man auch den Pflegemitteln größere Aufmerksamkeit. Daß aber sachgemäße Schuhpflege in Deutschland zur alltäglichen Selbstverständlichkeit wurde, dafür hat ein gekrönter Frosch gesorgt: *Erdal-Rex.*

Schon im 18. Jahrhundert verdienten sich die Glöckner der Bischofsstadt Mainz durch Kerzenziehen ein paar Pfennige zu ihrem kargen Lohn hinzu. So auch die Männer der Familie Werner, die das Glöckneramt in der Gemeinde St. Quintin versahen. Mit der Gründung der Firma „Gebrüder Werner" am 23. Oktober 1867 aber wurde aus der Nebentätigkeit der Vorfahren der Grundstein für eine der bedeutendsten Industrien in Mainz gelegt.

Durch den Eintritt von Adam Schneider zwanzig Jahre später erfuhren Wesen und Umfang der Firma dann die entscheidende Änderung. Adam Schneider schwebte etwas völlig Neues vor: eine Schuhcreme, die das Leder schützen, färben und pflegen sollte. Das Problem bestand darin, die pflegenden Wachsbestandteile in Ölen zu lösen und so zu konservieren, daß sie bis zum Endverbraucher erhalten blieben. Nach vielen Experimenten fand Schneider die Lösung: die „Stiefelwichse" in einer Blechdose.

Die Einführung des neuen Schuhpflegemittels im Jahre 1901 war zunächst ein Mißerfolg. Man hatte den Namen „Lux" für das Produkt vorgesehen, doch stellte sich heraus, daß er bereits geschützt war. Fieberhaft wurde nun nach einem neuen Markennamen gesucht. Man entschied sich für den Namen des Ortes, wo man auch produzierte – die Erthalstraße –, doch in der Aussprache der Mainzer Mundart: *Erdal.* Zur damaligen Zeit war es üblich, eine Wortmarke mit einem auffälligen Bildzeichen zu verbinden. Als überaus glücklich erwies sich hier die Wahl einer populären Märchenfigur – des Froschkönigs. Bis 1961 hatte ein ziemlich mürrisch dreinblickender Bursche Deutschlands meistgekaufte Schuhcreme geschmückt. Fortan jedoch bürgte ein lachender Rotfrosch für die Qualität der *Erdal*-Produkte.

Bis gegen Ende der 50er Jahre umfaßte das *Erdal*-Sortiment lediglich sechs unterschiedliche Produktvarianten in der einheitlichen Dose. Die gute alte Dosencreme gibt es natürlich immer noch, wenn auch in verbesserter Qualität. Doch steht dem Verbraucher daneben eine ganze Palette von *Erdal*-Pflegemitteln zur Verfügung, die nahezu alle Unterschiede der Ledersorten, Zurichtungen und Farben berücksichtigen. Mit diesem Sortiment hat *Erdal* heute eine Markenbekanntheit von fast 100 Prozent. Kein Wunder also, daß der Rotfrosch lachend in die Zukunft schaut.

85 Jahre ist er nun alt, doch treibt er auch heute noch seinen Freunden Tränen in die Augen: Original Düsseldorfer *Löwensenf,* der extrascharfe im typischen *Löwensenf*-Tönnchen, erfreut sich nach wie vor ungebrochener Beliebtheit. In den Küchen Deutschlands und Europas, der USA und Kanadas genauso wie in Afrika und Australien greifen Feinschmecker zu der pikanten Spezialität vom Rhein, wenn es gilt, den Speisen besondere Würze zu verleihen.

Dabei liegt die eigentliche Heimat des Düsseldorfers gar nicht am Rhein, sondern in Lothringen. In Metz gründete 1903 Otto Frenzel die erste Lothr. Essig- und Senf-Fabrik. Als nach dem verlorenen Weltkrieg deutsche Staatsbürger die französisch gewordene Stadt verlassen mußten, entschied Frenzel sich für Düsseldorf als neuen Standort seines Werks, denn die Rheinmetropole war damals die führende Senf-Stadt des Reiches. Doch das bedeutete auch zahlreiche und erfahrene Konkurrenten. Otto Frenzel mußte sich darum etwas Besonderes einfallen lassen, wollte er sich an diesem Markt behaupten. Manche schlaflose Nacht verging, bis der Düsseldorfer *Löwensenf* in der Komposition gefunden war, wie er nun seit vielen Jahrzehnten in immer gleichbleibender Qualität im Handel ist.

Das Erfolgsrezept, mit dem Otto Frenzel sich schließlich durchsetzen konnte, hat sich bis heute bewährt: „Man nehme nur Zutaten der allerbesten Qualität, achte peinlich genau auf naturreine Zubereitung und verzichte auf alle naturfremden Zusätze.“ Die Einzelheiten von Rezept und Produktionsverfahren aber blieben ein wohlgehütetes Betriebsgeheimnis. Nur soviel läßt Frenzel verlauten: verarbeitet wird allein das Mark wertvollster brauner und heller Senfsaaten, wobei die hochwertigen Senföle – und das einzig in Deutschland – im Endprodukt belassen werden. Eben diese ätherischen Öle jedoch sind entscheidend für den feurig feinen Geschmack des *Löwensenfs.* Um das so aufwendig gewonnene Aroma zu schützen, führte Frenzel als erstes deutsches Unternehmen Glaspackungen und Abfüllungen unter Vakuum ein.

1975 fusionierte das Haus Frenzel mit dem Feinkostspezialisten Appel, Hannover. Tag für Tag verlassen mehr als 300.000 Senfbehälter die 1988 auf den modernsten Stand der Technik und Qua-

litätskontrolle umgestellte Produktionsstätte am Flughafen in Düsseldorf, von der Miniportion für den kleinen Haushalt bis zum 5-kg-Eimer für die Großküche. Zum roten Gütesiegel mit dem blauen Aufdruck *extra* hat sich längst ein grünes und ein blaues Etikett hinzugesellt. Mit dem Mittelscharfen *medium,* der mit dem grünen Etikett, und dem *bayerisch-süßen* mit dem blauen Etikett hat *Löwensenf* erfolgreich neue Marktbereiche erschlossen. *Löwensenf* wird heute in fast alle Teile der Welt geliefert.

Ein Vorhängeschloß besitzt trotz – oder wegen – einfacher Konstruktionsprinzipien nicht nur erstaunliche Widerstandskräfte, sondern auch erhebliches Abschreckungspotential. Das weiß im Grunde jeder. Und jeder, der an solche Schlösser denkt, denkt sogleich an die Firma ABUS.

„Mehr Sicherheit mit ABUS". Daß dieser Slogan einmal um die Welt gehen würde, damit hatten August Bremicker und seine Söhne – ABUS steht für August Bremicker und Söhne – wohl kaum gerechnet, als sie 1924 in dem kleinen Dorf Volmarstein an der Ruhr mit der Produktion der ersten Vorhangschlösser unter der Marke *ABUS* begannen. Dabei waren die Bremickers damals nicht die einzigen, die in Volmarstein Vorhangschlösser herstellten. Und doch ist gerade die Marke ABUS weltweit zum Synonym für Vorhangschlösser geworden.

Bis in die fünfziger Jahre hinein dominierte das aus Stahl oder Blech hergestellte Vorhangschloß. Dann begann der nicht mehr aufzuhaltende Siegeszug des aus massivem Messing hergestellten Schloßkörpers, den ABUS als erster deutscher Anbieter im Markt plazierte. Sicher nicht ohne Grund wird ABUS in den USA „World Leader of brass padlocks" genannt. Und das trotz vieler Billig-Schlösser, die im fernen Osten produziert werden.

Doch auch andere Modelle haben sich durchgesetzt. Schon fast legendär ist das runde *ABUS*-Diskus-Schloß, das seit über 40 Jahren produziert und dabei immer wieder neuen Gegebenheiten angepaßt worden ist. Auch wenn es heute viele Kopien gibt, nur das Original-Diskus trägt die vier Buchstaben: *ABUS.*

Die achtziger und neunziger Jahre wurden geprägt durch eine Serie, die unter dem Namen „Granit" vertrieben wird. „Granit" kommt überall da zum Einsatz, wo es um allerhöchste Sicherheitsansprüche an Vorhängeschlösser geht.

Doch der Erfolg und die Kompetenz der Marke *ABUS* begründet sich nicht allein auf den Produktbereich Vorhangschlösser. Seit über 30 Jahren entwickelt, produziert und vertreibt ABUS ein breites und umfassendes mechanisches Sicherheitsprogramm zur Absicherung von Haus und Wohnung. In enger Zusammenarbeit

mit Kripo, Versicherungen, Testinstituten und sonstigen Experten auf dem Gebiet der Sicherheitstechnik werden ständig neue Problemlösungen vorgestellt, die den Bedürfnissen im Markt entsprechen. Wenn es um die Absicherung von Türen oder Fenstern geht, im *ABUS*-Programm findet sich immer die richtige Lösung.

ABUS-Produkte haben sich weltweit millionenfach bewährt. Es wird wohl nur wenige Schlüsselbunde in Deutschland geben, an denen nicht wenigstens ein Schlüssel mit dem Markenzeichen *ABUS* hängt. Schauen Sie doch mal nach!

„Die Freuden, die man übertreibt, verwandeln sich in Schmerzen", wußte schon der Schriftstelller Friedrich Justin Bertuch. So kann auch ein Platz an der Sonne böse Folgen haben – einen Sonnenbrand kennt jedes Kind. Weil aber niemand gerne ständig im Schatten sitzt, und Sonnenbäder Gesundheit wie Wohlbefinden fördern, haben kluge Köpfe wirksame Lichtschutzfilter für die Haut erfunden.

Wissenschaftler der Bayer AG gehören zu den Pionieren auf diesem Gebiet. 1933 wird ihr erster dosiert anwendbarer Lichtschutzfilter patentiert. Ein Jahr später bringt die Bayer-Tochter Drugofa eine Sonnencreme mit dieser Neuentwicklung auf den Markt: Sie heißt *delial*. Ihr Name ist seitdem ein Begriff für zuverlässigen Sonnenschutz geworden.

Originelle Werbekampagnen machen die neue Creme im ganzen Land bekannt. Die klassische *delial*-Tube gehört bald zur Standardausrüstung für die Badeferien. In den Nachkriegsjahren entwickelt Drugofa ein ganzes Sonnenschutz-Sortiment. Der Lichtschutz wird auch als Öl, Spray, Hautmilch und Lippenstift angeboten. Das Zeitalter bruchsicherer Kunststoffflaschen beginnt, und in den frühen Siebzigern gibt es neben Kosmetika für die Hautpflege nach dem Sonnenbad auch Mittel für eine gesunde Bräune ganz ohne Sonne – die Selbstbräuner sind da.

Ein entscheidender Fortschritt im Sinne der Verbraucher ist 1973 die Einführung des Sonnenschutzfaktors. Die Zahl gibt an, wie lange jemand mit einem Sonnenschutzmittel in der Sonne bleiben kann, ohne sich zu verbrennen. Faktor 10 verspricht beispielsweise, daß der gefürchtete Sonnenbrand erst zehnmal später als bei ungeschützter Haut auftritt.

Intensive Forschung und Entwicklung sind seit über 60 Jahren die Basis der anhaltenden Beliebtheit von *delial*. Ein anderer Grund sind sicher die Preise der Produktreihe. *delial* war und ist erschwinglich geblieben. Die Belohnung ist eine Markenbekanntheit von traumhaften 95 Prozent.

Auf ihren Lorbeeren ruhen sich die Wissenschaftler und Marketingexperten bei Bayer indes nicht aus. Erst 1995 haben sie in der

Erkenntnis, daß ein „aktiver Zellschutz von innen" neben den beschützenden Mitteln für die Haut sinnvoll wäre, eine Art Sonnenschutz zum Einnehmen entwickelt: Vitaminkapseln und Calcium-Brausetabletten. Ein Ende der Erfolgsgeschichte ist nicht in Sicht. Vor dem Hintergrund warnender Berichte über steigende Hautkrebsraten und vorzeitige Hautalterung durch gedankenlose Sonnenbäder setzen sich sogar hartnäckige Bräunungsfreunde nicht mehr ungeschützt ins Freie, sondern greifen zu Lichtschutzmitteln. *delial* gehört mit Sicherheit dazu.

„Ich sah Körner, die mahiz genannt werden." Mit diesem Satz, den Christoph Columbus schrieb, nahm gegen Ende des 15. Jahrhunderts die europäische Maiskultur ihren Anfang. Lange vor Columbus, nämlich vor ungefähr 5.000 Jahren – wie Archäologen schätzen – kannten die Indianer Mexikos bereits die goldgelben Körner. Mais, der in der indianischen Mythologie ein Geschenk der Götter war, entspringt aus der Begegnung des Hiawatha, Sohn des Westwindes, mit dem Gott Mon-da-min, dem Freund des Menschen. In der Indianer-Saga geschieht, nachdem Mon-da-min im Kampf gegen Hiawatha gefallen war, ein Wunder, als der besiegte Gott sich in ein lebensspendendes Maisfeld verwandelt.

Zwar wird in Deutschland bereits im Jahre 1539 im „Neuen Kräuterbuch" des Naturwissenschaftlers Hieronymus Bock von Mais Notiz genommen. Es dauert aber noch rund 300 Jahre, bis der Wert der in Mittelamerika so bedeutenden Kulturpflanze auch in Europa Erfolg hat: Erst Mitte des 19. Jahrhunderts kommt die Speisestärke aus Mais durch den Schotten John Polson jr. nach Europa, der 1854 „Brown & Polson's Patent Corn Flour" erfolgreich in England anbietet.

Die Vermarktung von *Mondamin* beginnt in Deutschland um 1860. In einem Inseratenanhang aus Henriette Davidis Kochbuch von 1887 ist über die Vorzüge des erfolgreichen Produkts der Firma Brown & Polson, Hoflieferanten I. Maj. der Königin von England, unter anderem folgendes zu lesen: „... Mondamin ist ein Maisprodukt, absolut entölt, von außerordentlicher Reinheit, Feinheit und Ergiebigkeit, ist vielfach prämiert worden ..."

Überzeugt von der Zukunft des vielgepriesenen Produkts, gründet 1913 J.A. Brown als alleiniger Gesellschafter in Deutschland die Mondamin GmbH. Eine in Berlin zu dieser Zeit schon existierende offene Handelsgesellschaft der Fa. Brown & Polson wird bei der Gründung in die neue Firma mit eingebracht.

„Alle guten Sachen muß man mit Maizena machen." Getreu dieser Devise steigt Maizena nach Ende des Ersten Weltkrieges im Jahre 1920 durch Beteiligung an der Mondamin GmbH in Berlin in die Produktion von Backpulver und Pudding – neben Speise-

stärke – ein. 1953 fusioniert die Mondamin GmbH schließlich mit der Deutsche Maizena Werke GmbH. *Mondamin* ist heute ein Markenartikel mit langer Tradition, der auf vielfältige Weise beim Kochen und Backen hilft. *Mondamin* wird für die Zubereitung von Flammeris und Kuchen ebenso verwendet wie zum Binden von Cremes, Suppen, Soßen und vielen anderen Gerichten. Mit Feine Speisestärke, Fix-Soßenbinder, Klassische Mehlschwitze und Fix-Teigen ist *Mondamin* in vielen deutschen Küchen das, was der indianische Name sagt: der Freund des Menschen.

Bereits von der „Adler", der ersten deutschen Lokomotive, die am 7. Dezember 1835 auf der Strecke Nürnberg – Fürth hierzulande die Ära der Eisenbahn einleitete, gab es kurz nach ihrer Jungfernfahrt ein Miniaturmodell. Der entscheidende Schritt zur Systemeisenbahn aber wurde 1891 getan, als die württembergische Spielwarenfabrik *Märklin* auf der Leipziger Messe dem staunenden Publikum ein voll ausbaufähiges Eisenbahn- und Schienenprogramm vorstellte. Ein Uhrwerk im Innern der Lokomotive ließ den Zug über die Schienen schnurren. Vier Jahre später brachte *Märklin* die erste elektrische Eisenbahn – eine Straßenbahn – heraus. Allerdings barg dieses Modell kaum weniger Gefahren als die sonst vielfach verbreiteten Spiritus-Lokomotiven – nicht immer war ein „Jauchzer" aus der Kinderstube ein Freudenschrei.

Die Stromzuführung erfolgt heute über eine Mittelschiene und den Mittelschleifer unter den Lokomotiven, die Rückleitung über beide Außenschienen. Dieses klare System macht den Aufbau auch komplizierter Gleisanlagen – etwa Wendeschleifen – ohne technische Kunstschaltungen möglich.

Größte Sorgfalt legte man bei *Märklin* von Anfang an auf den Zubehörbereich, um dem Modellbauer die ganze Welt der Eisenbahn zu erschließen. Symbolisch stand zunächst wenig mehr als ein Blechbahnhof an den Schienen, um „Umwelt" zu markieren. Doch da *Märklin* von Hause aus ja Blechspielzeug herstellte, kamen schon bald Landschaften und Tunnels hinzu, ölbeleuchtete Signale, Bahnübergänge und buntlackierte Feuerspritzen. Nach und nach entstand so eine liebenswerte Welt im Kleinen.

Kleinere Wohnungen hatten zur Folge, daß die Modelle mit größerer Spurweite an Bedeutung verloren. Bei *Märklin* fiel darum die Entscheidung, die Produktion einer Tischbahn aufzunehmen, die seit 1935 unter der Bezeichnung „Miniaturbahn Spur 00" angeboten wurde. Mit einer Spurweite von 16,5 mm war sie nur halb so groß wie die Spur 0. Nach dem Zweiten Weltkrieg wurde sie darum in *H0* („Halb-Null") umbenannt.

Die beliebteste *H0*-Lok ist zweifellos das Schweizer „Krokodil", die Nachbildung einer Elektrolok der berühmten Gotthardbahn.

Wie jedes Modell von *Märklin* wurde sie nach den Plänen und Fotos des großen Vorbilds gebaut. 1979 führte *Märklin* als Weltneuheit den Prototyp einer vollständig digitalisierten Modellbahnanlage Spur *H0* vor. Zum 125jährigen Firmenjubiläum erfolgte 1984 die Präsentation des ausgereiften, elektronischen Modellbahn-Steuerungssystems „Märklin Digital". Der konsequente Ausbau der digitalen Modellbahn und weitere Neuerungen in der Antriebs- und Steuerungstechnik werden auch in Zukunft für die Attraktivität der *Märklin*-Modellbahnen sorgen.

Der Sportschuh – ADIDAS

„Schneller, weiter, höher" – solange Sport betrieben wird, ist diese Maxime Ansporn zu neuen Leistungen. Optimale Leistungen können aber auch im Sport nur erbracht werden, wenn optimale Voraussetzungen gegeben sind. Sie zu schaffen, war das Lebenswerk eines Mannes. Sein Name: Adi Dassler.

1920 fing alles mit einem schlichten Turnschuh in Herzogenaurach an. Adi Dassler war gerade zwanzig Jahre alt, als er ihn entwarf. Seine erste Maschine wurde wie ein Fahrrad von einem Mitarbeiter angetrieben, denn Strom gab es noch nicht in der kleinen Werkstatt. Aber die Idee, den Sportler mit einem eigens für ihn geschaffenen Schuh optimal auszurüsten, war eine echte Sensation und bedeutete den Durchbruch in der Sportschuhfertigung: 1928 trugen Athleten bei den Olympischen Spielen erstmals Dassler-Schuhe.

Nach dem Krieg mußte Adi Dassler praktisch wieder bei Null anfangen. Die ersten Sportschuhe, die er 1946 auf den Markt brachte, waren aus Segeltuch und Gummi von amerikanischen Treibstofftanks. Als Dassler zwei Jahre später mit 47 Mitarbeitern die heutige Firma gründete, suchte er zunächst nach einer einprägsamen Bezeichnung für seine Produkte. In Anlehnung an den eigenen Namen entschied er sich für *adidas.* Zum Namen aber wünschte er – als erster Schuhfabrikant überhaupt – noch ein optisches Kennzeichen für seinen Schuh. So entstanden die berühmten 3 Streifen, die sich in der Folge als ein geradezu magisches Symbol erwiesen.

Die Erfolge, die im Zeichen der 3 Streifen errungen wurden, sind heute im *adidas*-Sportschuh-Museum verewigt: Hier stehen die Rennschuhe von Jesse Owens, mit denen er 1936 vier Goldmedaillen gewann. Weiße Spikes erinnern an den legendären Armin Hary, der als erster Mensch die 100 Meter in zehn Sekunden sprintete. Es finden sich die Fußballstiefel wieder, in denen Fritz Walter und Franz Beckenbauer die deutsche Fußball-Nationalmannschaft zu ihren Weltmeisterschafts-Triumphen 1954 und 1974 führten, und der Schuh, mit dem Andreas Brehme Deutschland 1990 zum WM-Sieg über Argentinien schoß.

Aus bescheidensten Anfängen hat Firmengründer Adi Dassler ein gigantisches Unternehmen aufgebaut. *adidas* zählt heute zu den führenden Sportmarken der Welt. Rund 5.000 Mitarbeiter sorgen dafür, daß es kaum ein Land gibt, in dem man die Marke mit den 3 Streifen nicht kennt. 1978 wurde Adi Dassler darum als erster Nichtamerikaner in die Ruhmeshalle der amerikanischen Sportartikelindustrie aufgenommen. Seine Schuhe und sein Markenzeichen, die 3 Streifen, sind längst zu unvergänglichen Klassikern geworden.

„Damit man schnell ums Eck' kommt", so hat einmal der legendäre Automobilkonstrukteur Ferdinand Porsche seine Philosophie auf den Punkt gebracht. In ihr drückt sich jedoch eine gehörige Portion schwäbischer Untertreibung aus. Gewiß: Dynamik, Wendigkeit, Vergnügen an sportlicher Beweglichkeit – dafür ist der *Porsche* durchaus wie geschaffen. Doch machen sie allein keineswegs die Faszination aus, die Porsche schon immer auf Automobilliebhaber ausübte.

Als Porsche Ende der 40er Jahre damit begann, Sportwagen zu bauen, hielten das viele für einen Anachronismus. Heute gilt der *Porsche 911* – seit nunmehr über drei Jahrzehnten der Marken-Klassiker – als die vielleicht gelungenste Lösung für Sportlichkeit im Serienautomobilbau überhaupt. Die elegante, in der jüngsten Generation noch weiter perfektionierte Silhouette und die außerordentliche Leistungsstärke beweisen, wie sich vollendete ästhetische Linienführung und hochentwickelte Dynamik in einem Fahrzeug optimal verbrauchen lassen.

Man sieht und spürt beim *Porsche 911* sofort, daß er intensiv von den großen Erfahrungen profitiert hat, die Porsche im internationalen Rennsport macht und mit vielen Siegen krönen konnte. Lange bevor der Begriff cw-Wert in Mode kam, hat Porsche mit Rennfahrzeugen Windkanalstudien betrieben, die in die Konstruktion des *911* einflossen: ein treffendes Beispiel dafür, daß sich aus aerodynamischer Funktionalität kein Einheitslook ergeben muß.

Der *911* „pur" ist das klassische Carrera Coupé; diesem Modell hat der *911* seinen weltweiten Ruf zu verdanken. Das Cabriolet bietet das Erlebnis des Porschefahrens im sinnlichen Kontakt mit der Natur. Im 300 kW (408 PS) starken Turbo hat Porsche die Symbiose von Sport und Serie auf ein Optimum gebracht: er beschleunigt in 4,5 Sekunden von 0 auf 100 km/h und erreicht eine Spitzengeschwindigkeit von 290 km/h.

Viel wurde über die technischen Vorzüge des *Porsche 911* gesagt und geschrieben: über die feuerverzinkte Karosserie mit der Zehn-Jahres-Garantie gegen Durchrosten, das aufwendige Fahrwerk, den edlen 6-Zylinder-Boxermotor aus Leichtmetall, das prä-

zise Lenkverhalten oder die ergonomische Gestaltung des Cockpits. Was einen Porsche aber zum einzigartigen Erlebnis macht, ist der besondere, nicht austauschbare Charakter, der ihn unverkennbar profiliert. Zuverlässigkeit und Wertbeständigkeit mögen rationale Gründe sein, sich für einen *911* zu entscheiden. Genauso wichtig aber ist in den Augen der Porsche-Gemeinde der ungemeine Charme dieses Sportwagens, jenes gewisse Etwas, das sich in keiner Forschungsabteilung reproduzieren läßt. Denn für den Reiz unmittelbarer Faszination gibt es keinen Ersatz.

Jeden Morgen, so beschreibt Thomas Mann in seiner Familiensaga „Buddenbrooks", empfand Senator Buddenbrook beim Ankleiden dasselbe angenehme Gefühl, wenn er sich das frisch gebügelte und gestärkte Hemd überstreifte: wie neugeboren und voller Spannkraft. Für dieses morgendliche Wohlgefühl sorgte schon zu jener Zeit die Marke, die auch heute noch Wäschepflege zum Wohlfühlen in Deutschland garantiert: *HOFFMANN'S.*

Das älteste Produkt der 1850 gegründeten Firma ist die 1876 von Juniorchef Eduard Hoffmann eingeführte *HOFFMANN'S* Reisstärke. Als überaus klug erwies sich dabei die Kennzeichnung des Produktes mit einem einprägsamen Signet – einer pfotenleckenden Katze als Symbol der Sauberkeit.

Als einer der ersten deutschen Markenartikel brachte *HOFFMANN'S Reisstärke* dem Unternehmen schon bald die unangefochtene Marktführung. Heute hat im Bereich der Stärken *HOFFMANN'S Sprühstärke* die größte Bedeutung. In einer Zeit, in der die Haushaltsführung möglichst bequem erfolgen muß, sorgt *HOFFMANN'S Form & Halt Sprühstärke* auf denkbar einfache Weise für perfekten Sitz von Hemden und Blusen. Ein Druck auf die Sprayflasche genügt, um Wäsche tadellos in Form zu bringen. Bügelwäsche knittert weniger, die Wäsche bleibt länger frisch und schmutzabweisend. Dies gilt natürlich auch für die *Feinstärke* und die *Form & Halt Flüssigstärke,* die sich durch einfache und moderne Anwendung auszeichnen.

Das *HOFFMANN'S*-Sortiment ist traditionell umweltgerecht. So ist die Reisstärke heute noch nahezu dasselbe Naturprodukt, das Eduard Hoffmann 1876 erstmals in Kartons verpackte. Auch alle modernen *HOFFMANN'S*-Stärkeprodukte setzen auf das Qualitätsargument vom Naturprodukt und sind auf Basis reiner Naturstärke hergestellt. Schon seit mehreren Jahren wird die *Form & Halt Sprühstärke* in zwei Produktvarianten angeboten: in der recycelfähigen und selbstverständlich FCKW-freien Spraydose sowie in der umweltfreundlichen pH-neutralen Pump- und Nachfüllflasche.

HOFFMANN'S ist mit Stärken stark geworden. Der enorme Bekanntheitsgrad ließ sich nutzen für einen behutsamen Image-

Transfer auf andere Produkte. Das breite Sortiment spiegelt heute auf eindrucksvolle Weise *HOFFMANN'S* langen und erfolgreichen Weg vom Stärkeproduzenten zum Wäschepflege-Spezialisten wider. Neue Produkte wie *Bügelleicht* oder das Gardinenpflege-Sortiment haben in einer schrittweisen Innovationsstrategie das Programm erweitert. Weil *HOFFMANN'S* schon lange nicht mehr nur für Stärke steht, wurde der bekannte Slogan „Pflegen ist unsere Stärke" 1995 ersetzt. Heute heißt es in jedem qualitätsbewußten Haushalt: „HOFFMANN'S – was das ausmacht!"

Eines Morgens im Jahre 1951 ging ein Werbespot über den Äther, der die deutschen Hausfrauen aufhorchen ließ: Lautes Entengeschnatter tönte aus den Lautsprechern, und anschließend sang eine zarte Frauenstimme: „Pril, entspannt das Wasser, Pril macht Wasser nasser, Pril, Pril, Pril ..."

Während der 50er Jahre wurde der Begriff „Fortschritt" ganz groß geschrieben. Nur in den Küchen war vieles noch beim alten. Eine Befragung von rund 2.000 Frauen ergab, daß etwa 85 Prozent ein alkalisches Spülmittel verwendeten. Der Rest behalf sich gar mit Waschmitteln. Aus dieser Marktanalyse zogen die Chemiker der Henkel-Tochterfirma Böhme Konsequenzen. Auf der Basis synthetischer, waschaktiver Substanzen entwickelten sie mit *Pril* ein Reinigungsmittel speziell für das Geschirrspülen und die Haushaltsreinigung. Bereits das *Pril* von 1951 enthielt keine Soda. Es überzeugte nicht nur durch seine außergewöhnliche Reinigungskraft, sondern ebenso durch seine gute Hautverträglichkeit. Die früher so geschundenen Spülhände wurden dank *Pril* geschont. Und noch einen wesentlichen Vorzug wußten die Hausfrauen von Anfang an zu schätzen: Der in der Werbung angepriesene „Klartrockeneffekt" machte beim Spülen mit *Pril* das anschließende Abtrocknen überflüssig.

Daß ausgerechnet die Ente zur *Pril*-Werbefigur auserkoren wurde, hat eine verblüffende Vorgeschichte: Die Ente besitzt am hinteren Ende ihres Leibes ein seltsames Organ, die sogenannte Bürzeldrüse. Diese Drüse produziert Fett, mit dem die Ente ständig ihr Gefieder einschmiert. Tut sie es nicht, sinkt sie sofort unter Wasser und ertrinkt. Diese Beobachtung interessierte auch die Chemiker von Böhme. Sie wollten wissen, ob man mit chemischen Mitteln diesen Fettpanzer durchbrechen kann. Eine Ente wurde in einen Glaskasten mit *Pril*-Wasser gesetzt – und sie ging unter. Ein anschauliches Experiment, das die hervorragende fettlösende Wirkung des neuen Produktes zeigt: *Pril* „entspannt" das Wasser.

Ab 1956 leitete der promovierte Chemiker Konrad Henkel, Enkel des Firmengründers Fritz Henkel, in den Düsseldorfer Laboratorien den Aufbau einer leistungsfähigen Produktentwicklung und

Anwendungstechnik. Einer der ersten Erfolge war das flüssige *Pril,* das 1958 in den Handel gelangte. In diesem Sinne führte Henkel auch seine neuesten Spülmittel ein. *Pril Supra,* das Konzentrat von *Pril,* ist ein Hochleistungsprodukt, das es mit jedem Spülproblem aufnimmt. *Pril Balsam* ist speziell für empfindliche Haut entwickelt. Mit diesen neuen Produkten wird *Pril* seinem Image einer großen Marke gerecht. Denn in vier Jahrzehnten ist *Pril* nicht nur zum Inbegriff des Geschirrspülmittels geworden, sondern zum beliebtesten Helfer in deutschen Haushalten überhaupt.

Der Stadtplan – FALK

Nach Ende des zweiten Weltkriegs war das zerbombte Hamburg ein Sammelbecken der Menschenströme auf der Suche nach einer neuen Heimat. Hier gründet 1945 der junge Kartograph Gerhard Falk seinen Verlag mit drei Mitarbeitern. Bereits ein Jahr später gibt er einen Plan von der zerstörten Hansestadt heraus. Die Auflagenhöhe ist enorm: 50.000 Exemplare. Obwohl die Pläne nur unter dem Ladentisch verkauft werden dürfen, finden sie reißenden Absatz. Der Verkauf beweist, auf welch ein elementares Bedürfnis Gerhard Falk mit seiner Idee in der Bevölkerung gestoßen ist.

Das Bedürfnis nach geographischer Orientierung gehört zu den wesentlichen Merkmalen der modernen, mobilen Gesellschaft. Die Konzeption des *Falk-Stadtplans,* diesem Bedürfnis Genüge zu tun, ist ebenso einfach wie überzeugend: Dank der international geschützten Patentfaltung kann sich der Benutzer die ganze Stadt – ob Hamburg, Moskau oder New York – buchstäblich in die Tasche stecken. Sie erlaubt eine Handhabung des Plans auf kleinstem Raum. Man schlägt ihn auf, legt die Faltklappen nach unten und findet alles übersichtlich und genau – Ortsteil für Ortsteil, Straße für Straße. Das problemlose Auffinden einzelner Straßen oder markanter Gebäude wird durch das detaillierte Register ermöglicht, das auf das blaue Orientierungsnetz im Kartenwerk verweist. Ergänzend sind im Anhang die wichtigsten Telefonnummern und Adressen aufgeführt. Die gleichbleibende Aktualität ist durch umfangreiche Korrekturen und Überarbeitungen zu jeder Neuauflage ständig gewährleistet. Der Benutzer kann getrost davon ausgehen, daß er eine Straße, die er auf der Karte nicht findet, auch in der Stadt nicht finden wird.

Diese Konzeption hatte bei ihrer ersten Verwirklichung einen so durchschlagenden Erfolg, daß schon 1947 eine Filiale in Berlin und eine Schwesterfirma in Den Haag gegründet werden konnten. 1950 erscheint zum Heiligen Jahr als erster Auslandsplan des Falk-Verlags eine Karte von Rom. Im gleichen Jahr ist die erste Million verkaufter Pläne erreicht.

In den folgenden Jahren erweitert sich die Serie der *Falkpläne* europäischer Hauptstädte kontinuierlich. Der erste *Falkplan* von

Moskau ist wieder eine kleine Sensation – weitere europäische Metropolen folgen, wenige Jahre später dann auch fernöstliche Titel wie Tokyo oder Peking. Der 1974 erstmals publizierte „Große Autoatlas" entwickelt sich in den Folgejahren zu einem Bestseller.

Im Zentrum der *Falk*-Publikationen aber steht nach wie vor der patentgefaltete *Falk-Stadtplan* mit seinen typischen Erkennungsfarben Gelb, Rot und Blau. Es gibt ihn heute von über 170 Städten der Welt in einer gesamten Auflage von mehr als 110 Millionen Exemplaren.

Sein Vater stammte aus der Lombardei, die Mutter war eine Züricher Lehrertochter: Julius Maggi, der am 9.10.1846 im schweizerischen Kanton Thurgau zur Welt kam, verkörperte eine glückliche Mischung aus südlichem Wagemut und nördlicher Gründlichkeit, ein Pionier der Lebensmittelindustrie, der sich in die Situation der Verbraucher versetzen konnte und deshalb erfolgreich war. 1886 brachte der Müllersohn die ersten kochfertigen Suppen aus Gemüsemehlen auf den Markt. Und im gleichen Jahr gelang ihm eine Erfindung, die eigentlich nur als eine Zutat gedacht war, doch seinen Namen in kurzer Zeit weltberühmt machen sollte: *Maggis Suppenwürze.*

Maggi-Würze wird aus pflanzlichem Eiweiß hergestellt. Weitere Zutaten sind Wasser, Salz, Aroma, Glutamat und Hefeextrakt. Das Pflanzeneiweiß wird in einem biologischen Gärprozeß in seine Bausteine – die Aminosäuren – aufgeschlossen. Dabei entsteht das charakteristische Aroma der Würze, das dem Geschmack des Liebstöckels sehr ähnlich ist. Dies brachte dem Würzkraut im Volksmund den Namen Maggi-Kraut ein, der sogar schon Eingang ins Lexikon gefunden hat. Für die Herstellung von *Maggi-Würze* wird Liebstöckel aber nicht verwendet.

Wenige Spritzer genügen, um einem Gericht den angenehmen würzigen Geschmack zu geben. Ein wichtiger Grund für die Beliebtheit der *Maggi-Würze* ist dabei ihre universelle Verwendbarkeit: Sie würzt Suppen, Soßen, Fleischspeisen, Gemüse, Eintöpfe, Beilagen und Salate und kann sowohl während der Zubereitung der Speisen als auch zum Abschmecken oder Nachwürzen bei Tisch verwendet werden.

Julius Maggi beschränkte sich jedoch nicht allein auf die Erfindung seiner Würze. Persönlich entwarf er auch die typische viereckige Form der braunen Flasche und bestimmte für die Etiketten die Farben Gelb und Rot, die noch heute die *Maggi*-Hausfarben sind. 1886 richtete er ein „Reclame- und Press-Büro" ein, als dessen „Vorsteher" keine Geringerer als der später gefeierte Dramatiker Frank Wedekind fungierte.

Das Profil der Marke *Maggi* könnte heute nicht besser sein.

Über 800millionenmal im Jahr greifen die deutschen Verbraucher zu den Produkten der hierzulande bekanntesten Lebensmittelmarke. Die rund 3.000 Mitarbeiter des Hauses stellen heute nahezu 300 verschiedene Artikel her. Die Produktpalette umfaßt Würze und Würzmittel, Brühen, Klare Suppen und Trockensuppen, Soßen und Fix-Produkte, Fertiggerichte und Kartoffelerzeugnisse. Unberührt von allen sich wandelnden Ernährungsgewohnheiten ist das bekannteste Produkt nach wie vor die *Maggi-Würze* in der markanten viereckigen braunen Flasche.

„Dahinter steckt immer ein kluger Kopf." Mit diesem Werbespruch ist hierzulande untrennbar die große national verbreitete deutsche Tageszeitung verbunden: die *Frankfurter Allgemeine Zeitung* – kurz auch *F.A.Z.* oder schlicht die *Frankfurter* genannt.

In den frühen fünfziger Jahren, kurz nach ihrer Gründung im Jahre 1949, beschloß man, einen Werbespruch zu finden, der allenthalben die Leser ansprach. Den ersten Anhaltspunkt gab eine Fotografie: Sie zeigte einen Mann, der eine *F.A.Z.* ausgebreitet vor sich hielt. Man ließ dieses Sujet zeichnen und setzte darunter: „Wes Geistes Kind er ist, das zeigt die Zeitung, die er liest." Darauf kamen Briefe: Die einen glaubten, einen falschen Genitiv entdeckt zu haben, den anderen mißfiel die Metrik. Aber das Interesse war offenbar so groß, daß es sich lohnte, weiter darüber nachzudenken. Konnte man es nicht einfacher und prägnanter sagen? Man konnte – man schrieb damals schlicht unter den Mann hinter der Zeitung: „Dahinter steckt immer ein kluger Kopf".

Das war die nicht genau datierte Geburtsstunde eines der am meisten zitierten Werbeslogans unserer Zeit. Längst ist mit dem Mann hinter der (Frankfurter Allgemeinen) Zeitung beim Patentamt München dieser Spruch als Warenzeichen eingetragen.

Die Geburtsstunde der *Frankfurter Allgemeinen Zeitung* hingegen ist genau zu datieren: Die erste Ausgabe erschien am 1. November 1949. Ganze 9.000 Abonnenten scharten sich beim Start um die *Frankfurter Allgemeine Zeitung,* doch bereits 1954 war die Hunderttausendergrenze überschritten. Heute beträgt die durchschnittliche verkaufte Auflage pro Tag 402.349 Exemplare (lt. IVW-Statistik II. Quartal 1996). Da jedes Exemplar der *Frankfurter Allgemeinen Zeitung* von etwa drei Personen gelesen wird, werden somit über eine Million Leser erreicht.

Die *Frankfurter Allgemeine Zeitung* erscheint in Frankfurt am Main. Sie verschweigt in ihrem Titel nicht ihre Herkunft, sondern rückt sie an die erste Stelle ihres Kopfes. Dank ihrer Tradition und ihrer einzigartigen Verkehrslage ist diese Stadt der ideale Standort für eine national verbreitete Zeitung. Frankfurt am Main ist der Mittelpunkt der deutschen Wirtschafts- und Finanzwelt. Die *F.A.Z.*

ist Pflichtblatt an allen acht deutschen Wertpapierbörsen. So gehen Reichweite und Einfluß der *Frankfurter Allgemeinen Zeitung* weit über Frankfurt hinaus. Sie wird überall in Deutschland und in 148 Ländern der Erde gelesen. Die *F.A.Z.* hat die höchste Auslandsauflage aller deutschen Tageszeitungen. Sie ist „die Stimme Deutschlands in der Welt" und hat unter den national verbreiteten Tages- und Wirtschaftszeitungen die höchste Reichweite bei Führungskräften aus Wirtschaft und Verwaltung (LAE '94). Eben: „Dahinter steckt immer ein kluger Kopf."

„Es ist ein wahrhaft peinliches Gefühl, unter Menschen nicht Mensch sein und seine Gedanken austauschen zu können." Aufgrund dieser Reiseerfahrung entwickelte der Berliner Kaufmann Gustav Langenscheidt 1856 eine Idee, die zur Gründung eines eigenen Unternehmens führte: ein System, das den praktischen Erwerb einer Fremdsprache im Selbstunterricht ermöglichte.

1884 schuf der Verlagsgründer Gustav Langenscheidt sogenannte „Notwörterbücher für Reise, Lektüre und Konversation". Diese Reihe war der Vorläufer der berühmten und bis heute meistverkauften Taschenwörterbücher. Seit damals zieht sich ein Grundsatz durch das Langenscheidt-Verlagsprogramm, der nicht zuletzt für die Größe und den Erfolg dieses Spezialverlags verantwortlich ist: das Prinzip der Lebensnähe. Es besagt, daß Langenscheidts Standardwörterbücher praktisch und lebensnah sind, den neuesten Wortschatz der Hoch- und Alltagssprache aufweisen und eine hohe Stichwörterzahl besitzen.

Zuerst erschienen diese Wörterbücher in Französisch und Englisch. Doch schon zu Beginn dieses Jahrhunderts wurde das Programm auf fast alle wichtigen Sprachen Europas ausgedehnt. Weil Sprachen die Lebensumstände und das Lebensgefühl eines Volkes widerspiegeln, befinden sie sich im steten Wandel. So schöne Worte wie „niederdonnern" oder „Thorschreiber", die damals in Gebrauch waren, gehören heute ins Spracharchiv. Dafür wurden in die jüngsten Auflagen Stichwörter aus Politik, Technik und Wissenschaft, Arbeitswelt, Mode und Freizeit aufgenommen. Hier ein paar Beispiele aus dem englischen Band: „acid rain" (saurer Regen), „drainpipe trousers" (Röhrenhosen), „shuttle diplomacy" (Pendeldiplomatie), „mom-and-pop-store" (Tante-Emma-Laden) ...

Nicht nur der Inhalt, auch das „Outfit" hat sich grundsätzlich gewandelt. Um die Jahrhundertwende wurden die Lexika noch in Leinen gebunden und mit Jugendstilmotiven verziert ausgeliefert. 1953 kam zum ersten Mal ein Wörterbuch im robusten Plastikeinband auf den Markt, zunächst in Blau, schon bald aber in gelbem Einband mit blauer Schrift. Heute ist die gesamte Verlagspalette bestes Beispiel für gelungenes „Corporate Design".

Acht verschiedene Größen für insgesamt 31 Sprachen umfaßt das Wörterbuchprogramm heute: Vom kleinsten, dem *Mini*, mit 8.000 Stichwörtern bis zum größten zweisprachigen Lexikon (Englisch-Deutsch, Deutsch-Englisch) überhaupt, dem *Großen Muret-Sanders* mit 560.000 Stichwörtern in vier Bänden.

Eine der wichtigsten „Säulen“ des Verlags bildet nun seit über 100 Jahren die Reihe der *Taschenwörterbücher* mit durchschnittlich 45.000 Stichwörtern und Wendungen. Sie sind wahrhaft zu Standards geworden, im Beruf, in der Schule und auf der Reise.

Teddy – diesen Namen hat das bekannte Plüschtier von keinem Geringeren als dem amerikanischen Präsidenten Theodore („Teddy") Roosevelt. Seine Vorliebe für die Bärenjagd war allgemein bekannt. So wurde er in den Karikaturen der damaligen Tageszeitungen häufig mit Bären in Verbindung gebracht. Die Bären-Leidenschaft des Präsidenten führte schließlich dazu, daß die bei seinen Landsleuten immer beliebter werdenden Plüschbären den „Vornamen" Teddy erhielten.

Diese historischen Bären waren ein Produkt der Firma STEIFF aus dem schwäbischen Giengen. Richard Steiff hatte sie gerade auf der Leipziger Messe als seine neueste Erfindung vorgestellt. Das Besondere an diesen Spieltieren war der puppenähnliche Körper, an dem sich Kopf und Glieder bewegen ließen. Auch das Material war ungewöhnlich: ein flauschiger Mohairplüsch, der in der Wirkung echtem Fell sehr nahe kam. Dennoch schien sich zunächst niemand dafür zu interessieren, bis am letzten Messetag ein begeisterter Amerikaner 3.000 Stück bestellte. Diesem glücklichen Zufall verdankt der *Teddybär* seinen Siegeszug rund um die Welt und die Filzspielwarenfabrik Steiff ihren Aufstieg zur Weltfirma.

1880 fertigte Margarete Steiff, die Gründerin des Unternehmens, aus Filz ein Nadelkissen in Form eines kleinen Elefanten. Dieses „Elefäntle" gilt heute als das Ur-Steiff-Tier. Es wurde unerwartet ein so beliebtes Kinderspielzeug, daß allein im Jahre 1886 5.066 Stück verkauft wurden. Daraufhin nahm sie noch andere Tiere in die Produktion auf, und bereits 1893 war das Unternehmen von Margarete Steiff als erste deutsche Filzspielwarenfabrik auf der Leipziger Messe vertreten.

Ohne die Unterstützung ihrer Familie wäre der Weg zum Erfolg kaum denkbar gewesen. Ihr Bruder, der Baumeister Fritz Steiff, und ihre fünf Neffen trugen ganz wesentlich zur Entwicklung zum Großunternehmen bei. So gilt Richard Steiff als der Vater des *Teddybären,* und Neffe Franz Steiff als Erfinder des Warenzeichens, des berühmten „Knopf im Ohr". Mit diesem Gütesiegel bürgt Steiff für die hohe Qualität seiner Erzeugnisse, die ein Höchstmaß an Kindersicherheit garantieren. Nur so konnte sich die Firma trotz

der Einbußen durch die beiden Weltkriege erfolgreich entwickeln und gegen Billigimporte aus Fernost behaupten. Das Äußere des *Teddybären* hat sich im Laufe der Zeit immer wieder gewandelt und dem modernen Geschmack angepaßt. Doch sieht man an den Repliken der ersten Modelle, daß sie bis heute von ihrer Liebenswürdigkeit nichts eingebüßt haben. Zum 100. Firmenjubiläum wurde ein Teddy aus der Anfangszeit des *Teddybären* noch einmal als Replik in limitierter Auflage angeboten.

Der Teebeutel – TEEFIX

„Der Weg zum Himmel führt an der Teekanne vorbei", lautet ein englisches Sprichwort. Doch auch auf Erden schon ist Tee eines der ältesten und beliebtesten Getränke der Menschheit. Sicher ist, daß Tee bereits im 2. Jahrtausend vor Christus am chinesischen Hof getrunken und im Jahre 1657 erstmals in einem deutschen Salon gereicht wurde.

Bis in unser Jahrhundert hinein erforderte der Genuß einer Tasse Tee ein umständliches und zeitraubendes Ritual. Heute dagegen kann sich jeder Teetrinker mit Aufgußbeuteln schnell und problemlos einen wohlschmeckenden Tee zubereiten. Dies ist der Firma Teekanne zu danken, die schon 1913 die Marke *Teefix* schützen ließ. Für die Truppenverpflegung im Ersten Weltkrieg verpackte das Unternehmen den Tee portionsweise in kleine Mullsäckchen. Diese „Teebombe" war bei den Soldaten sehr beliebt, doch konnte der empfindliche Teeliebhaber einen gewissen Beigeschmack nicht leugnen. Das galt auch noch für den Teebeutel aus zusammengeklebten Spezialpergamenten, der in den 20er Jahren aus den USA nach Europa kam.

Eine wirklich befriedigende Lösung war erst im Jahre 1950 gefunden, als das Haus Teekanne den Doppelkammerbeutel auf den Markt brachte. Dieser Teebeutel war aus feinstem, geruchsfreiem Filterpapier und ohne jeden Klebstoff gefaltet. Ungehindert konnte das Wasser den Tee von allen Seiten umspülen und so das volle Aroma der Blättchen aufschließen.

Seit Jahrzehnten nun schon ist *Teefix* aus dem Hause Teekanne Deutschlands bekannteste Teemarke. Der Doppelkammerbeutel umhüllt eine Indien-Ceylon-Mischung, die kräftig im Geschmack und sehr ergiebig ist. Für den verwöhnten Teeliebhaber bietet Teekanne mit *Gold Teefix* eine hocharomatische Mischung bester Hochlandernten an, ferner *Ostfriesen-Teefix* für die Freunde ostfriesischer Teemischung an kräftig-aromatischen Assam-Tees.

Die Zubereitung im praktischen Aufgußbeutel ist so einfach, daß man leicht vergißt, welcher Aufwand nötig ist, damit der Teetrinker jeden Morgen „seinen" *Teefix*, *Gold Teefix* oder *Ostfriesen-Teefix* genießen kann. Verständlicherweise erwartet der Ver-

braucher, daß sein Lieblingstee Tag für Tag gleich schmeckt. Da Tee aber ein Naturprodukt ist, unterliegt er Qualitätsschwankungen. Deshalb werden in den Teehandelshäusern die Tees verschiedener Sorten gemischt. Jeder Teetrinker profitiert dabei von dem sensiblen Geschmacksempfinden der Teeverkoster.

Rund um den Erdball hat der Doppelkammerbeutel von Teekanne inzwischen den Markt erobert. Dank *Teefix* von Teekanne ist Tee somit nicht nur eines der ältesten, sondern auch eines der modernsten Getränke der Welt.

Die Tinte – PELIKAN 4001

Der Umgang mit Feder und Pinsel hatte Tradition in der Gründerfamilie des Hauses Pelikan. Der Vater der Familie Hornemann – ein Kunstmaler und Kupferstecher – besaß ein Schreibwarengeschäft und versah zugleich das Amt eines Zeichenlehrers am englischen Königshof in Hannover. Da die besten Künstlerfarben importiert werden mußten, entschloß sich der zweite Sohn, Carl Hornemann, nach dem Studium der Chemie eine eigene Farbenproduktion in einem alten Bauernhaus vor den Toren Hannovers aufzubauen, um so die hohen Kosten für Transport und Zollabgaben zu umgehen.

Im Jahre 1856 meldete beim Königlichen Patentamt von Hannover ein Dresdner Parfümeriefabrikant namens August Leonardi eine wahrhaft umwälzende Erfindung an: die Rezeptur der ersten haltbaren und dauerhaften Schreibtinte. Leonardi hatte sich das über 2.000 Jahre alte Prinzip der Geheimtinte zunutze gemacht, indem er die zunächst farblose Gerbsäure aufs Papier brachte, der zuvor ein provisorischer Farbstoff aus der Krappwurzel – das Alizerin – sowie Indigo beigemengt worden war. Durch diesen Kunstgriff wurde die farblose Gerbsäure auf dem Papier sofort blaugrün sichtbar. Sobald aber das Wasser beim Auftrocknen der Tinte verdunstete, entstand die tiefschwarze Schrift. „Sie bildet weder eine Kruste an der Stahlfeder, noch einen Bodensatz in den Tintengefäßen. Sie ist unzerstörbar und widersteht den Einwirkungen von Säuren, Dämpfen und der Zeit", versprach das Etikett auf den Tintenfläschchen, die überall reißenden Absatz fanden.

1863 trat der Chemiker Günther Wagner in das Unternehmen der Familie Hornemann ein, dem er später, nachdem er es erworben hatte, seinen Namen gab. Er hatte den Wert der noch jungen Erfindung erkannt und ergänzte das Lieferprogramm um Tinten und Tuschen. Bald schon weitete sich das Geschäft ins benachbarte Ausland aus. Als Firmensymbol wählte er das alte Wappen der Familie: ein Pelikan, der in seinem Nest stehend seine vier Jungen mit seinem Blut füttert. 1878 wurde das Pelikan-Warenzeichen als eine der ersten Schutzmarken überhaupt eingetragen.

1901 hatte der Jahresumsatz eine Million Reichsmark erreicht.

35 Prozent der Produktion wurde exportiert. Damit waren die Günther Wagner GmbH Pelikan Werke weltweit führend im Bereich Büro- und Künstlerbedarf. Einer der bekanntesten Artikel war bereits damals die Pelikan-Tinte, deren Bezeichnung *4001* noch heute Weltgeltung hat. Mit einem Anteil von 90 Prozent ist dabei die Farbstofftinte „Königsblau" die mit Abstand beliebteste. Doch auch die schwarze Alizerintinte (Pelikan-Urkundentinte) ist weiterhin fester Bestandteil im Programm des Hauses Pelikan.

Jede Konstruktion steht und fällt mit der Zeichnung. Dabei kommt es oft auf Bruchteile von Millimetern an. Ingenieure, Architekten und technische Zeichner sind sich dieser Verantwortung bewußt. Millionen von ihnen vertrauen darum in aller Welt auf den Tuschefüller *rotring rapidograph.*

Im Jahre 1928 entwickelte der Hamburger Kaufmann Wilhelm Riepe den „Tintenkuli", der bereits 1935 in 34 Länder der Erde exportiert wurde. Charakteristisches Merkmal dieses Röhrchenschreibgeräts war der rote Ring. 25 Jahre nach Einführung des Tintenkulis kam aus den USA die Anregung, diesen Füllhalter so zu verbessern, daß er auch mit Tusche gefüllt werden konnte. Unter der Bezeichnung *rapidograph* brachten die Riepe-Werke 1954 den ersten Röhrchentuschefüller der Welt auf den deutschen Markt. Mit diesem Zeichengerät konnte leichter, sauberer und schneller gearbeitet werden. Der *Rapido* wurde schon bald zum Gattungsbegriff und leitete weltweit eine neue Zeichenära ein. Die Nachfrage war so groß, daß der *rapidograph* bald die gesamten Kapazitäten des Unternehmens in Anspruch nahm.

Wie der Tintenkuli war der *rapidograph* ein Kolbenfüller; doch unterschied er sich von seinem Vorläufer durch den Zeichenkegel. Er war zunächst in drei Linienbreiten zu erhalten. Besondere Präzision und Sorgfalt erforderte die Bearbeitung des Zeichenröhrchens. Das Ausgangsmaterial war gezogener, nicht rostender Spezialstahl mit einer Innenbohrung, wie er auch für Injektionsnadeln verwendet wird. Um daraus Zeichenröhrchen herzustellen, mußten im vorderen Bereich eine Tuschestufe, eine Verrundung und eine Senkung unter Lupen und Mikroskopen angedreht und poliert werden. Insgesamt umfaßte der Fertigungsablauf eines *rapidograph* damals nicht weniger als 147 Arbeits- und Montagevorgänge.

Als jüngste Neuentwicklung und Sensation für die Welt des technischen Zeichnens stellte rotring 1981 einen Tuschefüller vor, bei dem Tank und Tuscheleitsystem ein Teil bilden, das beim Patronenwechsel zusammen ausgetauscht wird. So konnte die aufwendige Reinigung des Tuscheleitsystems entfallen. Anknüpfend an die legendäre Marktbedeutung des alten *rapidograph* erhielt auch das

jüngste Modell wieder den Namen *rapidograph.* Mit dem *rapidograph* hat rotring vor nunmehr 35 Jahren eine neue Ära des Zeichnens eingeleitet. Im Laufe der Zeit wurde das Zeichengeräteprogramm rund um den Tuschefüller ständig erweitert – bis hin zu Digitizern und Präzisionsplottern für die graphische Datenverarbeitung. Nach wie vor ist der *rapidograph,* trotz der breit gefächerten Produktpalette der rotring-Unternehmensgruppe, Marktführer unter den Tuschefüllern.

Das Versandhaus – OTTO

Das vielleicht nützlichste Buch Deutschlands gehört auch zu den meistgelesenen. In einer Auflage von über 10 Millionen Exemplaren gelangt es zweimal jährlich in unsere Haushalte und ermöglicht zahllosen Menschen, frei von Zeitnot und Einkaufsstreß in den eigenen vier Wänden aus einem Warenangebot auszuwählen, wie es kaum ein Kaufhaus bietet. Denn der Herausgeber dieses Bestsellers ist kein gewöhnlicher Verlag, sondern Weltspitze im Versandhandel: *OTTO Versand* – Hamburg.

Der Zweite Weltkrieg hatte Werner Otto nach Norddeutschland verschlagen. Angeregt durch Kataloge von Schuh-Baur und von Witt/Weiden gründete Otto 1949 sein Versandhaus. 28 Paar Schuhe auf 14 Seiten umfaßte das Angebot der ersten *OTTO*-Kataloge; die Auflage betrug 300 Exemplare. Die Preise wurden von Hand neben die Fotos geschrieben.

Nachdem mit einer Marine-Klapphose, die vor allem in Süddeutschland Anklang fand, der Einstieg in den Textilbereich gelungen war, folgte in den 50er Jahren eine Zeit atemberaubenden Wachstums. Systematisch knüpfte man ein Netz von Sammelbestellern, meist Hausfrauen, um die Kundenpflege zu intensivieren. Mit einem warenhausähnlichen Vollsortiment nahm *OTTO* dem Versandhausgeschäft der früheren Jahre den „Kleinleutegeruch". Und als andere Versender noch per Nachnahme kassierten und so Mißtrauen erkennen ließen, hatte *OTTO* längst den Kauf gegen Rechnung eingeführt.

Nach wie vor betrachtet *OTTO* die Kundenzufriedenheit als sein größtes Kapital. Der Kunde kann telefonisch rund um die Uhr bestellen, auch am Wochenende, 365 Tage im Jahr mit persönlicher Beratung. Der unternehmenseigene „Hermes Versand Service" liefert bis an die Haustür. Auf Wunsch im 24-Stunden- oder Sofort-Service oder zum vereinbarten Wunschtermin.

Zusammen mit über 30 Spezialkatalogen ist der Hauptkatalog das Schaufenster des *OTTO Versand*. Seit der Einführung der ersten Katalog-CD-ROM im deutschen Versandhandel 1994 kann sich der Kunde das *OTTO*-Sortiment auf den Computerbildschirm holen und direkt via Modem ordern.

Als der Gründersohn Michael Otto 1981 den Stab des *OTTO Versand* übernahm, fand er das vermutlich modernste Versandhaus der Welt vor. Doch wirklich internationales Format, erkannte der neue Chef, würde *OTTO* erst mit der erfolgreichen Etablierung in den USA und Japan erlangen. Dieser Erkenntnis ließ er bald Taten folgen: Heute erwirtschaften 38 Unternehmen in 16 Ländern und drei Kontinenten mit über 56.000 Mitarbeitern nahezu 25 Milliarden Mark Umsatz. Damit ist *OTTO* der einzige Global Player der Branche und die größte Versandhandelsgruppe der Welt.

Der Volkswagen – VW KÄFER

Welch ein Anspruch: einen Wagen fürs Volk zu bauen! Zur Jahrhundertwende war der Straßenverkehr in Europa noch so klassengeprägt wie die Gesellschaft. Als nach dem Ersten Weltkrieg das zarte Pflänzchen Demokratie erste Triebe zeigte, brach sich der Gedanke bahn, daß die Herrschaft des Volkes der Mobilität bedurfte. Das Automobil als Schrittmacher, um der Demokratie auf die Beine zu helfen.

Der Wagen fürs Volk durfte keine magere Sparversion sein. Ein richtiges Auto mußte es werden, mit vier Sitzen, zuverlässig und zugkräftig, wenn schon klein, dann doch mit Komfort. Das war die Überzeugung des Ferdinand Porsche, der sich in den dreißiger Jahren die Forderung nach dem Volkswagen zu eigen machte. In langer Entwicklungsarbeit tastete man sich an das einzigartige Ergebnis heran: die im Windkanal perfektionierte Stromlinienform; der raumsparende Boxer-Heckmotor; das verblüffend einfache Federungssystem.

Der Krieg durchkreuzte diese Pläne. Zwar bewährten sich Fahr- und Triebwerk in der militärischen Zweckentfremdung. Aber dem Volkswagen-Projekt waren zunächst die Ressourcen entzogen. Erst die Nachkriegszeit brachte dem *Käfer* den Durchbruch. Der *Käfer* brachte nicht nur Wolfsburg zu Rang und Namen, er verschmolz auch die von Existenznöten bedrohten Arbeiter zur Gemeinschaft. Dabei waren für das Volksauto zunächst noch fundamentale Probleme zu lösen, hatte doch der Wagen noch 1948 nach den Worten des neuen Chefs Heinrich Nordhoff „so viele Fehler, wie ein Hund Flöhe hat."

Doch der *Käfer* hatte eben auch jene unschätzbaren Vorzüge, die ihn dann wirklich zum Wagen des Volkes machten. Die robuste Karosserie und der genügsame Boxer verziehen straßen- und fahrtechnische Zumutungen. Und so wurde der *Käfer* bald in Stadt und Land seiner Bestimmung als Volkswagen gerecht.

Schon 1949 setzte die nie abreißende Flut von Verbesserungen und Variationen ein. Auf der Basis des universellen Chassis entstand der VW-Transporter und wurde als *VW Bus* zum Begriff. Das *VW Cabriolet* wurde zum Mythos. Im Ausland, speziell in den

USA, mauserte sich der *Käfer* zum Botschafter des „Made in Germany“. Das Wolfsburger Werk expandierte in Gestalt neuer Produktionsstätten in Belgien, Brasilien, Südafrika und Mexiko, wo er bis heute gebaut wird.

Jedes Wunder vergeht, und so stieß der *Käfer* schließlich an seine Grenzen. VW gelang mit dem Wechsel zum Golf der Schritt in die neue Ära. Doch für Millionen Bürger war der *Käfer* der erste Wagen, Millionen lernten darin das Fahren. Der *Käfer* hat den höchsten aller Ansprüche erfüllt: ein Wagen des Volkes zu sein.

Das Wälzlager – FAG KUGELFISCHER

Die Beziehung von Rad und Achse ist seit der Erfindung des Rades durch Reibungswiderstände belastet. Generationen von Konstrukteuren haben sich den Kopf darüber zerbrochen, welches Lager die kraftzehrende Reibung am besten reduziert. Schon früh wird das Wälzlager entdeckt, das heute aus zwei Laufringen sowie einem Käfig besteht, in dem sich Wälzkörper frei drehen können. Als Wälzkörper verwenden die Ingenieure der Gegenwart Rollen und Kugeln. Doch bis zur befriedigenden Anwendung und industriellen Herstellung des Wälzlagers war es ein weiter Weg, auf dem ein Mann Technikgeschichte geschrieben hat: Friedrich Fischer, einer der Gründer der FAG Kugelfischer Georg Schäfer AG in Schweinfurt. Denn Fischer hat die Kugel erst rund gemacht. Mit der Erfindung seiner Kugelschleifmaschine im Jahr 1883 verhilft er dem Kugellager zum wirtschaftlichen Durchbruch. In diesem Ereignis sieht *FAG* Kugelfischer auch den Ausgangspunkt seiner Geschichte als Industrieunternehmen.

Heute ist *FAG* ein moderner weltweit operierender Konzern mit mehreren selbständigen Unternehmensbereichen, die sich auf das Kerngeschäft Wälzlager sowie Näh- und Fördertechnik konzentrieren. Nicht nur auf der Erde, sondern auch in der Luft und sogar im Weltraum sorgen *FAG*-Kugellager und -Rollenlager für reibungslose Abläufe. Ein Beipiel: Immer wenn das amerikanische Space-Shuttle zu neuen Missionen abhebt, sind *FAG*-Wälzlager im Antriebsmotor mit dabei. Das leistungsstarke Wälzlagerprogramm war, ist und bleibt das wichtigste Standbein des Konzerns.

Gefertigt wird an Standorten in Deutschland, Brasilien, Italien, Österreich, Portugal, Indien, Kanada und den USA. Das Qualitätsmanagementsystem der FAG Kugelfischer Georg Schäfer AG ist zertifiziert nach DIN EN ISO 9001.

Bei *FAG* orientieren sich Forschung und Entwicklung an den Forderungen der Praxis. Aus den Wälzlagern von einst sind heute intelligente Maschinenbauteile geworden. Dazu zählen bespielsweise Radlagereinheiten mit Sensoren für die ABS-Regelung in Kraftfahrzeugen.

In vielen Fällen reicht es für den sicheren Betrieb von Fahrzeu-

gen, Maschinen, Anlagen und Geräten nicht mehr aus, lediglich beste Produktqualität zu liefern. Deshalb bietet *FAG* unter dem Motto „Service für mehr Betriebssicherheit" ein umfangreiches Paket von Servicegeräten und Serviceleistungen an. Das Spektrum reicht von Meß- und Montagegeräten über PC-Programme zur Berechnung und Auswahl von Wälzlagern bis hin zur Diagnose von Wälzlagern mit Hilfe ausgefeilter Verfahren. Wen wundert es da noch, daß *FAG* heute bereits über Satellit Wälzlager in großen Anlagen im laufenden Betrieb online überwachen kann.

„Nur Miele Miele sagte Tante, die alle Waschmaschinen kannte." Dieser Slogan der 30er Jahre machte deutlich, daß Miele es geschafft hatte, die Schwerstarbeit, die seit eh und je mit dem Waschen verbunden war, zu erleichtern.

Schon ein Jahr nach der Jahrhundertwende und zwei Jahre nach der Firmengründung baute Miele 1901 seine erste Holzbottichwaschmaschine, die den Namen der Schutzgöttin der Frauen trug: „Hera". Wesentliche Merkmale der damaligen Waschmaschinen waren ein runder Bottich aus Eichenholz und ein Bewegerkreuz, das zunächst noch mit Muskelkraft angetrieben werden mußte. Die letzte *Miele*-Holzbottichmaschine wurde in den 60er Jahren gebaut – natürlich mit Elektroantrieb, denn über viele Stufen hatte Miele die Entwicklung vorangetrieben. Schließlich veränderten sich die Waschmaschinen deutlich – auch optisch: Sie waren nicht mehr rund und aus Eichenholz, sondern eckig und aus Metall. Zum Be- und Entladen der Waschtrommel diente ein Bullauge.

Waschmaschinen sind keine Luxusgüter, sondern heute in fast jedem Haushalt anzutreffen. In den rund 36,2 Millionen deutschen Haushalten stehen 33,6 Millionen Waschautomaten. In Ferienhäusern und -wohnungen befinden sich weitere 0,5 Millionen.

Als einer der Pioniere der Wäschepflege baute Miele wegweisend für die gesamte europäische Hausgeräteindustrie 1978 die Elektronik in die Waschautomaten ein. Aber auch Innovationen wie Waterproof-System, Hydromatic und Mengenautomatic sowie geräuschmindernde Motoraufhängungen oder das Ökoventil brachten neue Fortschritte wie auch höhere Touren beim Schleudern. Moderne Waschautomaten entwässern die Wäsche mit bis zu 1.600 Touren und bereiten sie so gut auf die Trocknung vor.

Der Strom- und Wasserverbrauch der *Miele*-Waschautomaten ging in den letzten 15 Jahren fast um die Hälfte zurück. Mit der geringeren Belastung der Umwelt werden auch die Waschkosten reduziert: Eine volle Beladung mit 5 kg Wäsche kostet im Normprogramm Koch-/Buntwäsche 95° C mit der *Miele W 934 Novotronic Super* gerade einmal 1,31 DM.

Lärm gibt es genug. Das Haus, die Wohnung sollten davon ver-

schont bleiben. Deshalb entwickelte Miele immer leisere Waschautomaten, die nicht lauter als eine normale Unterhaltung sind. Miele hat nicht nur die mit dem Waschen verbundene Arbeit erheblich erleichtert, sondern auch die gesamte Wäschepflege revolutioniert mit Waschautomaten, Wäschetrocknern und Bügelmaschinen. Die Qualität der Waschautomaten, ihre sprichwörtliche Langlebigkeit sowie ihr günstiger Verbrauch haben das Miele-Produkt Nr. 1 zum Spitzenprodukt gemacht – heute wie früher.

Um die Jahrhundertwende waren viele Wiesen hierzulande auch im Sommer weiß. Wäsche lag dort ausgebreitet, um in der Sonne zu bleichen. Daß diese Wiesen wieder grün wurden, ist einem Waschmittel zu verdanken: *Persil.*

Jahrhundertelang hatten Seifensieder die Hausfrauen mit Waschmitteln versorgt. Erst um 1880 erwuchs der Seife durch Waschpulver Konkurrenz. Diese bestanden ursprünglich aber nur aus pulverisierter Seife. Ein wirklicher Fortschritt war dagegen die Kombination von Wasch- und Bleichmitteln in Pulverform. Die erste Firma in Deutschland, die ein solches echtes Waschpulver auf den Markt brachte, war die 1876 gegründete Firma Henkel & Cie aus Düsseldorf mit dem Produkt *Persil.* Henkel hatte diesem Waschmittel als Bleichstoff Perborat beigemischt. Der dadurch beim Waschen fein aufperlende Sauerstoff übernahm in schonender Weise die harte Arbeit von Waschrumpel, Scheuerbrett und Bürste und machte die Sonnenbleiche überflüssig. Das „selbsttätige" Waschmittel war geboren.

Am 6. Juni 1907 kündigte eine Anzeige in der „Düsseldorfer Zeitung" das neue Waschmittel *Persil* an. Der Name leitete sich von den zwei wichtigsten chemischen Grundstoffen des Produktes ab, Perborat und Silicat. Das Kaiserliche Patentamt zögerte jedoch, den Namen *Persil* als Warenzeichen einzutragen, da man ihn mit dem französischen Wort für „Petersilie" verwechseln könne. Die Eintragung erfolgte schließlich 1917. In nur zehn Jahren hatte *Persil* seinen Namen am Markt durchgesetzt.

1922 gestaltete der Berliner Künstler Kurt Heiligenstaedt die wohl berühmteste *Persil*-Werbefigur: die „Weiße Dame". Sie warb von Plakaten, Blechschildern und Normaluhren bis Anfang der 60er Jahre. Als sie 1950 erstmals nach dem Krieg wieder für *Persil* lächelte, vermittelte sie vielen Deutschen das Gefühl, daß nun der Friede dauerhaft eingekehrt sei.

1986 bewies Henkel einmal mehr seine Schrittmacherfunktion als Marktführer und brachte *Persil Phosphatfrei* in den Handel. Henkel hatte auch hier wieder einen Standard gesetzt: Mittlerweile sind in Deutschland alle Haushaltswaschmittel phosphatfrei. Dem

Trend gemäß wurde im Jahre 1990 das Sortiment um das Kompakt-Waschmittel *Persil supra* erweitert. Es bietet die berühmt gewordene Reinheit und Pflege in konzentrierter Form. Im darauffolgenden Jahr führte Henkel mit *Persil color* das erste Vollwaschmittel speziell für Buntwäsche ein. 1994 folgte eine völlig neue Waschmittelgeneration: *Persil Megaperls* und *Persil Megaperls Color* sind Superkonzentrate, die mit Perlen anstatt mit Pulver waschen. In einem von Henkel patentierten Herstellverfahren werden Waschwirkstoffe zu hochkonzentrierten Perlen verdichtet.

Der Weinbrand – ASBACH URALT

Es ist ein seltener Fall, daß ein Unternehmer den Bestand einer Sprache bereichert. Doch als am 11. November 1907 Hugo Asbach ein Warenzeichen seiner Firma beim Kaiserlichen Patentamt eintragen ließ, hatte er ein neues Wort im Deutschen geprägt: Weinbrand. Nachdem der Versailler Vertrag die Bezeichnung Cognac nur noch für französische Erzeugnisse vorsah, fand der neue Begriff 1923 Eingang in das Deutsche Weingesetz. Und bis heute denken wir bei dem Begriff Weinbrand vor allem an eine Marke: *Asbach Uralt*.

Die Geschichte des Hauses Asbach begann, als der 24jährige Destillateur und Kaufmann Hugo Asbach sich Ende des vergangenen Jahrhunderts in Rüdesheim am Rhein selbständig machte. Mit zwei Brennblasen fing der Familienbetrieb an, doch entwickelte er sich in nur kurzer Zeit zu dem „Großetablissement der Cognac-Industrie Asbach & Co". Die Ausweitung fiel in das Jahr 1905, als die Weinhandelsfamilie Albert Sturm dem Unternehmen beitrat. Nun waren die ökonomischen Voraussetzungen geschaffen, um mit einem deutschen Weinbrand gegen die scheinbar übermächtige Konkurrenz aus Frankreich zu bestehen. Von der Produktidee kam der Firmengründer zur Markenidee: Er verband den eigenen Namen mit einer Qualitätsaussage und schuf damit die Bezeichnung *Asbach Uralt*. „Uralt" bedeutete Reife durch lange Lagerung, eines der wichtigsten Kriterien für gut gebrannten Wein. Auch die Form des Etiketts mit dem bekannten, charakteristischen Schriftzug hat Hugo Asbach selbst erdacht und entworfen. Nichts schien ihm zu „Uralt" besser zu passen als eine Urkunde aus handgeschöpftem Büttenpapier mit gotischer Schrift.

Asbach nutzte als eines der ersten Markenartikelunternehmen in Deutschland das damals noch junge Medium Fernsehen für seine Werbung. Der 1959 eigens dafür kreierte Werbeslogan „Wenn einem so viel Gutes widerfährt, das ist schon einen Asbach Uralt wert" wurde zum geflügelten Wort. Auch wenn Werbesujets und Inszenierung der heutigen Zeit angepaßt sind, werden nach wie vor die gleichen Werte ausgelobt: sein einzigartiger, vollmundiger Geschmack und höchste Qualität.

Den ausgewählten Brennweinen, dem Können der Brennmeister und der längeren Lagerung auf Limousineichenholzfässern verdankt *Asbach Uralt* zu gleichem Maße seine volle Blume, sein sanftes Feuer und den vollmundigen Geschmack. Abgestimmt auf die Trinkstärke von 38 % vol., gönnt man dem *Asbach Uralt* nochmals eine letzte Ruhezeit, bis er in Flaschen abgefüllt wird. Damit erfüllt *Asbach Uralt* alle Voraussetzungen des deutschen Weingesetzes, um die Qualitätsbezeichnung „Deutscher Weinbrand" tragen zu dürfen.

Wer hat in jungen Jahren nicht an einem Regennachmittag vor seinem Atlas gesessen und geträumt: von der Pflanzenwelt ferner Länder, ihren Bewohnern, ihrem Klima – mit brennendem Fernweh, während man beim Weiterblättern mit dem Finger nach der eigenen Heimatstadt suchte. Und wenn man den Atlas zuschlug, dann stand auf dem Einband meist der Name, der in Deutschland seit weit mehr als einhundert Jahren die Welt bedeutet: *Diercke.*

1883 erschien im Westermann-Verlag der „Schul-Atlas über alle Teile der Erde“ von C. Diercke und E. Gaebler. Der *Diercke,* wie das Werk bald kurz genannt wurde, war keineswegs der erste Atlas in Deutschland. Was war nun das Besondere am *Diercke,* daß er bis zur Jahrhundertwende in Deutschland zum führenden Gymnasialatlas wurde?

Im 19. Jahrhundert hatte die Geographie Eingang an Universitäten und Schulen gefunden – vor allem aus praktischen Gründen, etwa der weltweiten Ausdehnung des Handels und der verbesserten Reisemöglichkeiten. Westermanns Ziel war es, einen ganz neuen Atlas vorzubereiten, der diesen veränderten Ansprüchen der Schule wirklich entsprach und der – nach Westermanns eigenen Ausführungen – „fürs Leben genügte und billig sein mußte, daß er jedem zu kaufen möglich war“.

Daß *Diercke* eigentlich kein Atlas, sondern eine Person war, ist über den Erfolg fast in Vergessenheit geraten. Als Leiter des Lehrer-Seminars in Stade war Carl Diercke vom preußischen Kultusministerium beauftragt, Atlanten auf ihre Eignung im Schulunterricht zu begutachten. Nach ersten Gesprächen wußte Westermann, daß er in diesem Mann den Pädagogen gefunden hatte, den er brauchte; einen Schulmeister im besten Sinne des Wortes.

„Eine Karte muß richtig, zweckmäßig und schön sein.“ Das war der Kern von Dierckes Richtlinien. Heute mag man sich wundern, wieso diese Forderungen vor einem Jahrhundert so revolutionär anmuteten. Doch beweist gerade diese Frage, wie nachhaltig Dierckes Ansichten gewirkt haben. Die nach ihnen gearbeiteten Karten sind heute zur Selbstverständlichkeit geworden. Mit ihren Farbabstufungen lassen sie die physischen Verhältnisse der Erd-

oberfläche mit einem Blick erkennen: von den Blautönen für die Meerestiefen über das Grün der Niederungen, das helle Gelb der höheren Lagen bis zu den Braunfärbungen der Gebirge, deren Täler und herausragende Spitzen überdies durch Schraffierungen verdeutlicht werden. So entstehen plastische Bilder, in die sich selbst Kinder mühelos hineinsehen können.

In weit über 300 Auflagen mit insgesamt 15 Millionen Exemplaren prägte der *Diercke* für Generationen von Schülern das Bild von der Erde – als Atlas fürs Leben.

Am Anfang war das Wort – doch wie wird es geschrieben? Das war vor hundert Jahren hierzulande keine leicht zu beantwortende Frage. Buchverlage hatten ihre eigene Hausorthographie, und bezeichnend für die Situation an den Schulen war ein Erlaß von 1862, in dem gefordert wurde, man solle wenigstens an derselben Schule die gleiche Rechtschreibung lehren. Um diesem Mißstand zu begegnen, gab 1880 ein Hersfelder Schulmann namens Konrad Duden im Bibliographischen Institut zu Leipzig ein „Vollständiges Orthographisches Wörterbuch der deutschen Sprache" heraus. Ohne daß er es ahnen konnte, war damit eine Institution geboren.

Konrad Dudens Anliegen war es, die Regeln der preußischen Orthographie für den gesamten deutschen Sprachraum durchzusetzen: Der politischen Einigung Deutschlands sollte die orthographische folgen. 1901 diente das „Orthographische Wörterbuch" bereits als Arbeitsgrundlage der nach Berlin einberufenen staatlichen Rechtschreibkonferenz. Um die Einheitsschreibung, ohne die eine moderne Massengesellschaft kaum auskommt, nicht zu gefährden, stellten die Teilnehmer individuelle Reformwünsche zurück, wodurch sich Dudens Werk als Standard der deutschen Sprache etablieren konnte.

Nach diesem Durchbruch setzte der Verlag zur Unterstützung Konrad Dudens Redakteure im eigenen Haus ein und schuf so die Keimzelle der Dudenredaktion. Ihre Arbeit im Bibliographischen Institut fußt heute auf zwei Grundlagen: der Sprachkartei und der Sprachberatungsstelle. Allein die Sprachkartei versammelt über 3 Millionen Belege. Diese mühevolle Sichtung des Sprachmaterials ist der Garant, daß der *DUDEN* stets Wegweiser für richtiges, zeitgemäßes Schreiben bleibt. So umfaßte der *DUDEN – Die deutsche Rechtschreibung* von 1991 über 5.000 neu aufgenommene Wörter mehr als sein Vorgänger von 1986. Dieser „Einheitsduden" markierte zugleich ein historisches Ereignis: Das fast 40-jährige Nebeneinander einer Mannheimer und einer Leipziger Dudenausgabe hatte ein Ende. Die Dudenredaktion hat die im Juli 1996 beschlossene Neuregelung der deutschen Rechtschreibung auf Basis des amtlichen Regelwerks lexikographisch sinnvoll umgesetzt. Die 21.,

völlig neu bearbeitete und erweiterte Auflage von *DUDEN – Die deutsche Rechtschreibung* von 1996 enthält alle neuen Regeln und Schreibungen, die zur besseren Übersicht rot hervorgehoben sind. Damit stellt sich die Redaktion bewußt in den Dienst der neuen Rechtschreibung, um die Einheitlichkeit der deutschen Rechtschreibung im deutschen Sprachraum zu sichern.

Der Verlag ist stets dem Grundgedanken Konrad Dudens treu geblieben, ein Werk für die Praxis zu schaffen – für alle Menschen, die mit unserer Sprache leben und arbeiten.

Karies und Parodontose sind die verbreitetsten Volksseuchen der Welt. Allein hierzulande mußten 1980 die Krankenkassen für die Zahnbehandlung ihrer Versicherten rund 14 Milliarden DM ausgegeben. Im selben Jahr wurden nicht weniger als 25 Tonnen Gold in deutschen Mündern zu Kronen verarbeitet. Dabei stellen Zahnkrankheiten keineswegs ein unabwendbares Übel dar, sondern lassen sich durch rechtzeitige, regelmäßige und richtige Zahnpflege vermeiden. Wenn heute in der Bundesrepublik zahnmedizinische Prophylaxe kein Fremdwort mehr ist, so ist dies vor allem der Firma Blendax und ihrer *blend-a-med*-Forschung zu verdanken.

1932 gründeten die Brüder Rudolf und Hermann Schneider in Mainz die Blendax-Werke mit dem Entschluß, eine neue Zahncreme herzustellen. Zwar gab es schon Zahnpasten im Handel, doch wurden sie ausschließlich über Apotheken und Drogerien verkauft und waren für den Großteil der Bevölkerung zu teuer. Die Brüder Schneider wollten nun eine Zahncreme anbieten, die in bester Qualität für jedermann erschwinglich war. Um die Kosten zu senken, produzierten sie von der Aufbereitung der Grundstoffe bis zur Verpackung alles in eigener Regie. Als noch erfolgsträchtiger aber erwies sich die Entscheidung, den Lebensmittelhandel in den Vertrieb einzubeziehen: Bereits 1939 war Blendax mit 43 Millionen verkaufter Tuben der größte Zahncreme-Hersteller Europas.

Ein Meilenstein in der Firmengeschichte war 1952 die Gründung der *blend-a-med*-Forschung, in der Zahnmediziner, Chemiker, Mikrobiologen, Physiker und Anwendungstechniker zusammenarbeiten sollten. Die Zielvorgabe der *blend-a-med*-Forschung – Eindämmung der Zahnbetterkrankungen und Hemmung kariöser Prozesse – wurde vor allem mit der Entwicklung und Herstellung von Zahncremes realisiert. Die bekannteste unter ihnen ist *blend-a-med.* Diese medizinische Zahncreme schützt Zähne und Zahnfleisch, indem sie Zahnbeläge nachhaltig beseitigt, die natürliche Schutzschichtbildung des Zahnfleisches unterstützt und seine Durchblutung fördert.

Da bei der Wahl einer Zahncreme neben medizinischen Aspekten auch der Geschmack eine wichtige Rolle spielt, produziert

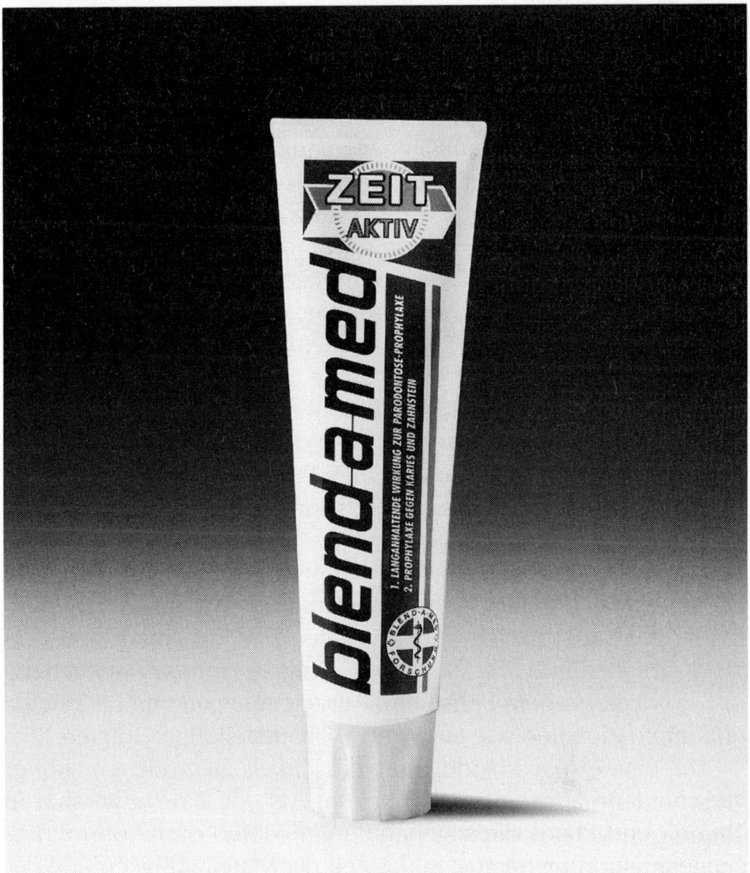

Blendax außer der klassischen *blend-a-med* mit den roten Streifen noch die besonders frische grüne *blend-a-med mint* sowie das blaue *blend-a-med Gel.*

In über einem halben Jahrhundert hat sich Blendax zum kompetenten Spezialisten für Mundhygiene entwickelt. Basierend auf der *blend-a-med*-Forschung stellt das Unternehmen Produkte her, die Karies und Parodontose wirksam vorbeugen. Damit wir auch morgen noch kraftvoll zubeißen können.

„Noli turbare circulos meos – störe meine Kreise nicht", soll Archimedes gesagt haben, als die Römer seine Vaterstadt Syrakus eroberten und ein Soldat bei ihm eindrang. Kaum ein Satz der Weltgeschichte dokumentiert auf eindrucksvollere Weise die Souveränität des menschlichen Geistes. Einen Hauch dieser Größe verspürt jeder Schüler in dem Augenblick, da er seinen ersten Zirkelkasten in Händen hält. Wenn er den Kasten öffnet und die in Samt gebetteten Zirkel vor sich sieht, ahnt er, daß sich nun für ihn eine neue Welt auftut: die Welt der Geometrie und Konstruktion.

Am Anfang aller Technik steht eine gezeichnete Idee. Und am Anfang sauberen Zeichnens stehen präzise Zeicheninstrumente. Genau seit 1835, dem Jahr der ersten deutschen Eisenbahn, stellt die Firma HAFF aus dem bayerischen Pfronten Zeicheninstrumente her, die durch Qualität und Präzision einen weltweiten Ruf für deutsche Wertarbeit genießen.

Gegründet wurde das Unternehmen von den drei Brüdern Heinrich, Fritz und Karl Haff. Präzisionsarbeit war ihnen von Kindheit an vertraut, betrieb doch ihr Vater eine Uhrenfabrik. Schon 1840 erhielten ihre Produkte den 1. Preis der Industrieausstellung in Nürnberg. Weitere Preise und Auszeichnungen von nationalen und internationalen wie auch von Weltausstellungen folgten.

Um eine exakte Handhabung des Zirkels zu erreichen, gibt es verschiedene Lösungsmöglichkeiten. Als optimal stellte sich in Theorie und Praxis die sogenannte Vollkopfkonstruktion mit Bogengeradeführung heraus. In der Zeit der Mittelmäßigkeit und des harten Preiswettbewerbs sind andere Hersteller vielfach auf einfachere und billigere Kopfkonstruktionen ausgewichen. HAFF jedoch hat es verstanden, durch Spezialmaschinen eine Fertigung einzurichten, die eine preiswerte Herstellung des Vollkopfs ermöglicht. Es versteht sich von selbst, daß bei der Konstruktion dieser Maschinen *HAFF*-Zirkel Pate standen.

Heute ist das Unternehmen in der fünften Generation in Familienbesitz. Unter den geschäftsführenden Gesellschaftern Heinrich Haff und Fritz Haff-Winkelmann werden Zeichengeräte, mathematische Instrumente und andere Präzisionsgeräte hergestellt.

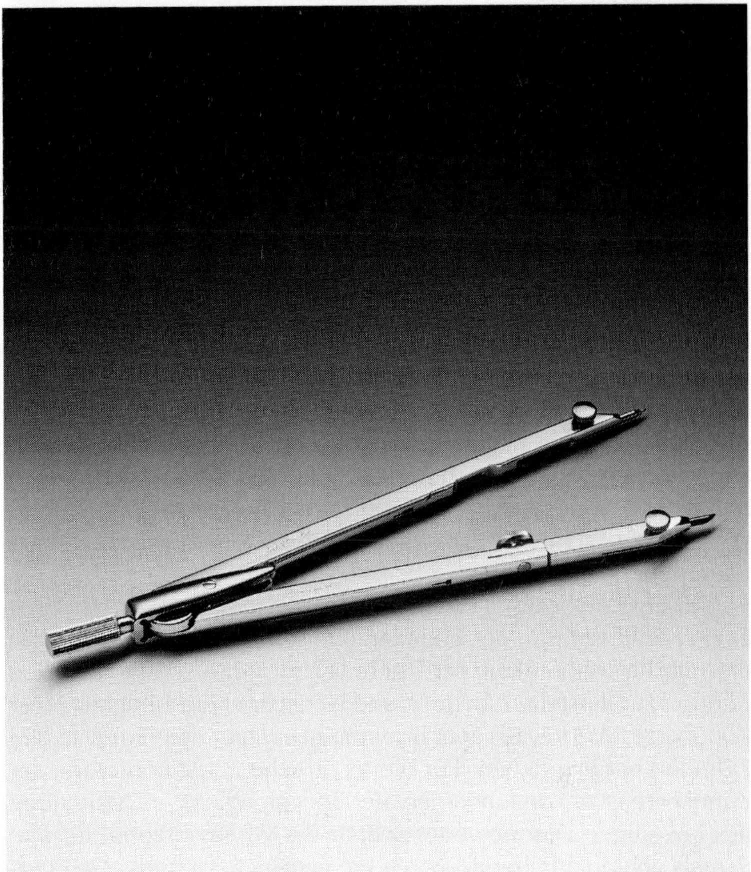

Qualität, das Markenzeichen der *HAFF*-Produkte, konnte sich in all den Jahren gegen die jeweiligen Strömungen behaupten: Lehrer und Schüler, Professoren und Studenten, Architekten und Ingenieure haben HAFF zum Weltmarktführer gemacht.

Archimedes mußte noch mit einem Stock seine Kreise in den Sand zeichnen. Welche Lichter wären dem berühmten Mathematiker und Philosophen wohl erst aufgegangen, hätten ihm schon damals *HAFF*-Präzisionszirkel zur Verfügung gestanden ...

Die Zündkerze – BOSCH

Wer von der Zündung und von Zündkerzen spricht, spricht von Bosch. Karl Benz, neben Gottlieb Daimler ein wichtiger Pionier der Motortechnik und der Automobilindustrie, hat in der Rückschau auf sein Leben die Zündung als das „Problem der Probleme" bezeichnet. Bosch hat dieses Problem zu Beginn unseres Jahrhunderts gelöst und die Technik seitdem ständig weiterentwickelt.

Im Jahre 1902 beginnt Bosch mit dem Bau des Hochspannungsmagnetzünders und liefert die dazu passende Zündkerze an Gottlieb Daimler. Damit schafft Bosch eine grundlegende Voraussetzung für den schnellaufenden Benzinmotor. Die Aufgabe der Zündkerze ist heute wie damals die gleiche: Die Entflammung des Kraftstoff-Luft-Gemischs zum jeweils richtigen Zeitpunkt. Erheblich verändert dagegen haben sich im Laufe der Zeit alle Anforderungen und Betriebsbedingungen der Zündkerze. Dank gewaltiger Anstrengungen in der Fertigungstechnik hat Bosch hier entscheidende Durchbrüche erzielt.

Mit der Entwicklung des Wärmewertsystems setzt Bosch 1924 einen Meilenstein in der Zündkerzenhistorie. Der Wärmewert als thermische Maßeinheit wird bereits drei Jahre später bei allen Zündkerzenherstellern benutzt und bezeichnet die Fähigkeit einer Zündkerze, Wärme aus dem Brennraum aufzunehmen und an den Zylinderkopf abzuleiten. Für die technische Perfektionierung der Zündkerze ist er von fundamentaler Bedeutung. Erst die Ermittlung des jeweiligen Wärmewertes schafft die Voraussetzung, für alle damals gebräuchlichen Motoren die geeigneten Zündkerzen herzustellen.

Immer wieder brachten Neuentwicklungen aus dem Hause Bosch die Zündkerze ein Stück voran. Als 1973, im Jahr der Ölkrise, die Aufgabe anstand, ein benzinsparendes arbeitendes Modell zu entwickeln, war es eine Bosch-Idee aus dem Jahre 1941, die Kupferkerntechnik, die das Problem löste. Ab sofort wird die neue Breitband-Zündkerze von Bosch, die *Super thermo elastic,* in der Erstausrüstung eingesetzt.

Von den Anfängen der Zündkerze führt ein gradliniger Weg zur technischen Perfektion der *Bosch SUPER 4,* die Bosch 1995 als

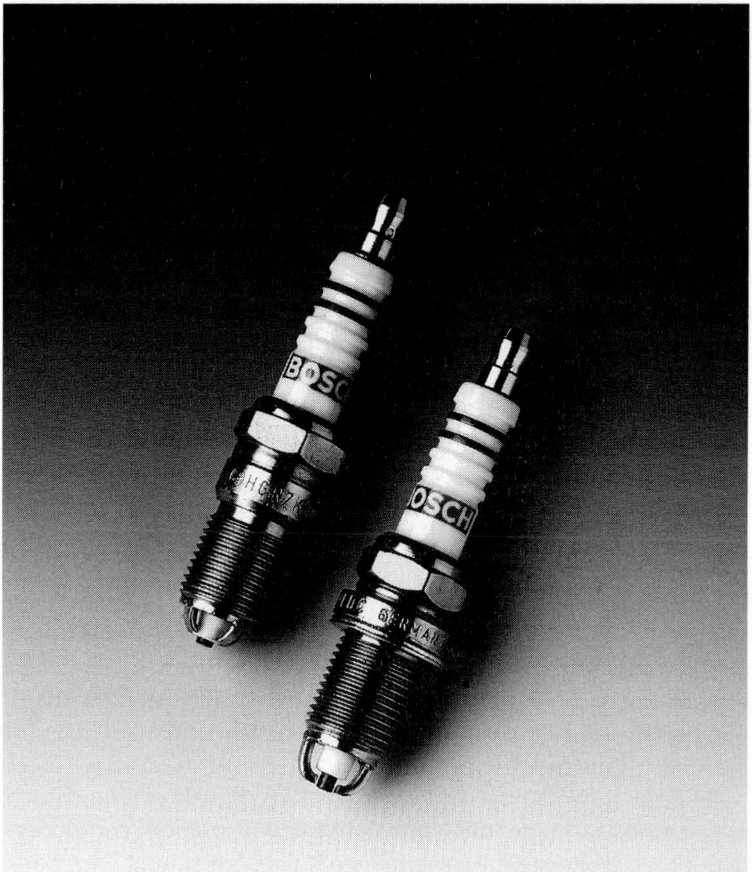

wegweisende Weltneuheit auf den Markt brachte. Die weltweit einzigartige Konstruktion der *Bosch Super 4* mit 4 Masse-Elektroden optimiert je nach aktueller Motorbelastung und Abnutzungsgrad die Leistung des Motors. Dies bedeutet eine bessere Beschleunigung, eine höhere Motorelastizität sowie absolute Startsicherheit.

Die *Bosch SUPER 4* ist der jüngste Beweis dafür, daß auf dem Feld der Zündkerzenforschung auch in Zukunft der zündende Funke vom Hause Bosch ausgehen wird.

Ein Mann, eine Idee, ein Erfolg: So läßt sich die Geschichte der Brandt-Gruppe kurz und bündig umschreiben. Vom Anfang des Jahrhunderts her besehen, würde sie ein außenstehender Betrachter nicht mehr wiedererkennen. Der Name ist zwar geblieben, aber ansonsten: Die Gruppe hat sich zu einem Unternehmen entwickelt, das im Jahr 1995 rund 300 Millionen Mark umgesetzt hat. Ein Unternehmen, das eine Reihe von Erzeugnissen auf den Markt bringt, die das Leben angenehmer machen. Ein Unternehmen, das über Deutschland hinaus in ganz Europa bekannt ist.

Am Anfang dieses Jahrhunderts, genauer gesagt 1912, war das anders. Damals räumte ein Mann mit einem alten Geht-nicht-Vorurteil auf. Das Vorurteil betraf Zwieback, und lautete: „Kommt nicht in die Tüte!"

Zwieback, eigentlich „zweimal Gebackenes", gab es damals schon, viele Sorten sogar. Allerdings gab es keinen Zwieback, der einen Bäcker- und Konditormeister wie Carl Brandt, den schon fast legendären Gründer des Unternehmens, wirklich überzeugen konnte. Sein Ziel war: Ein Zwieback von gleichbleibend hoher Qualität, der industriell hergestellt und zu einem erschwinglichen Preis vertrieben werden konnte. Eben ein richtiger Markenartikel, wie er zu jener Zeit in verschiedenen Bereichen aufzutauchen und die Welt zu verändern begann.

Hierfür entwickelte Carl Brandt das Rezept, und er erfand auch gleich eine Maschine, die zum wichtigsten Instrument zur modernen Zwiebackherstellung avancieren sollte. Sie schnitt Zwieback und hieß auch so: Als „Zwiebackschneidemaschine" wurde sie patentiert. Es blieb aber immer noch das Hauptproblem: Zwieback hielt sich zu jener Zeit nur auf eine sehr teure und aufwendige Weise frisch und knusprig: in Wellblechdosen. Zwieback kam also nicht in die Tüte.

Carl Brandt glaubte an solche Vorurteile nicht, und er machte sich an die Arbeit, das Gegenteil zu beweisen. Er entwickelte einen Dreilagen-Frischhaltebeutel, in dem sein *Zwieback* lange Zeit knusprig frisch blieb. Heute würde man so etwas als Marketing-Leistung ersten Ranges mit einer Medaille auszeichnen.

Auch heute garantiert die Firmenphilosophie bei der Herstellung von Zwieback natürlichen Genuß durch ausgesuchte Zutaten und schonende Verarbeitung. Allein das Sortiment wurde größer – der Verbraucher verlangt nach Vielfalt: So gibt es den *Vollkorn-* und den *Müsli-*Zwieback, aber auch den Zwieback mit seiner Schokoladenseite oder die Kokosvariante mit leckeren und saftigen Kokosraspeln. *Brandt-Markenzwieback* ist bei allen Verbrauchern als ein positives Stück Knusper-Vergnügen mit einem wehmütigen Gedanken an die sorglose Kindheit verankert.

Namensregister

Abbado, Claudio 81
Albrecht, Catharina 106
Amati, Nicola 46
Appel, Heinz W. 158
Archimedes 210 f.
Aristoteles 110
Armstrong, Neil 20
Asbach, Hugo 202
August der Starke, Kurfürst und polnischer König 138

Bach, Johann Sebastian 74
Baedeker, Karl 148
Bahlsen, Hermann 76 f.
Balters, Prof. Dr. Dr. 152
Barnak, Oskar 112
Bauer, Heribert 34
Baum, Hans 100
Bechstein, Karl 46
Beckenbauer, Franz 168
Beethoven, Ludwig van 80
Beiersdorf, Carl Paul 78 f., 136 f.
Bentz, Hugo 74
Bentz, Melitta 74
Benz, Karl 212
Beranger, Josef 60
Berliner, Emil 80
Bernstein, Leonard 80, 90 f.
Bertuch, Friedrich Justin 166
Bismarck, Otto Fürst von 66
Bingen, Hl. Hildegard von 110
Blank, Dr. Georg Ernst 56
Bock, Hieronymus 164
Bosch, Robert 28
Böttgers, Johann Friedrich 138
Boulez, Pierre 81

Namensregister

Brandt, Carl	214
Brehme, Andreas	168
Bremicker, August	160
Bremshey, Fritz	146
Brockhaus, Friedrich Arnold	42
Brown, J. A.	164
Bülow, Hans von	46
Burger, Reinhold	68
Buschmann, Christian Friedrich	124
Caruso, Enrico	80
Castell-Rüdenhausen, Alexander Graf zu	26
Clemens, Hl.	84
Columbus, Christoph	164
Conté, Nicolas Jacques	26
Daimler, Gottlieb	212
Dassler, Adi	168 f.
Davidis, Henriette	164
Debussy, Claude	46
Dewar, James	68
Diercke, Carl	204
Dix, Otto	98
Duden, Konrad	206 f.
Dziambor, Wilhelm	50
Edison, Thomas Alva	80
Ehemann, Theo	134
Eyck, Georg von	40
Faber, Lothar von	26
Faber, Ottilie von	26
Falk, Gerhard	176
Farina, Franz Carl Gereon Maria	86
Fischer, Artur	36

Fischer, August 16
Fischer, Friedrich 196
Fischer, Hugo 16
Francke, Christian Wilhelm 42
Frenzel, Otto 158
Frey, Johann Baptist 102
Frey, Johann Georg 102
Fugger, Jakob 130

Gaebler, E. 204
Galvani, Luigi 20
Gardiner, John Eliot 81
Gasset, Ortega y 92
Goodyear, Charles 142
Gütermann, Max 128

Haeberlein, Heinrich 100
Haff, Fritz 210
Haff, Heinrich 210
Haff, Karl 210
Haff-Winkelmann, Fritz 210
Hary, Armin 168
Haupt, Hans 146
Heiligenstaedt, Kurt 200
Henckels, Peter 58
Henkel, Fritz 174
Henkel, Konrad 174
Heraklit 114
Hoerth, Ludwig 16
Hoffmann, Eduard 172
Hoffmann, Dr. Felix 92
Hohner, Matthias 124
Horadam, Josef 98
Hornemann, Carl 188
Höroldt, Johann Gregorius 138

Horowitz, Vladimir 80

Jacobs, Johann 72
Junkmann, Konrad 100

Kaendler, Johann Joachim 138
Kant, Immanuel 74
Karajan, Herbert von 80 f., 90 f.
Klein, Prof. Joh. Aug. 148
Knef, Hildegard 104
Kokoschka, Oskar 99
Kölln, Hans Hinrich 54
Kölln, Peter 54
Kreuzberg, Georg 114 f.
Krupp, Friedrich Alfred 38

Langenscheidt, Gustav 182
Langnese, Vincent Emil Hermann 62
Lausen, Christian 50
Leibniz, Gottfried Wilhelm Freiherr von 76
Leitz, Ernst 112
Leitz, Louis 130
Leonardi, August 188
Lichtenberg, Georg Christoph 58
Liebermann, Max 27
Liebig, Justus von 18
Lilienthal, Otto 48
Linde, Karl von 68
Lingner, Karl-August 126
Liszt, Franz von 46
Löbel, Renatus Gotthelf 42
Ludwig II., König von Bayern 120

Maggi, Julius 178
Mahler, Gustav 134

Mann, Thomas 92, 172
Maret, August 108
Marret 152
Martin, Maria Clementine 110
Mayser, Leonhard 66
Melba, Nellie 80
Mühlens, Ferdinand 86
Mühlens,Wilhelm 86
Müller, Adolph 20
Müller, August 134
Müller, Dr. Bruno 134
Müller, Dr. med. dent. 152
Mussini, Cesare 98
Mutter, Anne-Sophie 81

Nannen, Henri 104
Napoleon 66, 86
Niederegger, Johann Georg 108
Nietzsche, Friedrich 130
Nikisch, Arthur 80
Nolde, Emil 99
Nordhoff, Heinrich 194
Nordman,Paul 140

Oetker, August 18
Oetker, Dr. Rudolf August 63
Otto, Michael 193
Otto, Werner 192
Owens, Jesse 168

Paracelsus 110
Paturel 152
Petrus Damianus 22
Polson jr., John 164
Porsche, Ferdinand 170, 194

Priestly, Joseph 142
Prym, William 34 f.

Reber, Dr. jur. Franz Xaver 120
Reber, Peter 120
Rempel, Rudolf 40
Renner, Martin 142
Riegel, Hans 52
Riepe, Wilhelm 190
Ritter, Alfred 154
Ritter, Clara 154
Ritter, Johann Wilhelm 20
Roosevelt, Theodore 184

Sauerbruch, Ferdinand 34
Schaljapin, Fedor 80
Schmidt, Josef 44 f.
Schmincke, Hermann 98
Schmuckler, Ewald 76
Schneider, Adam 156
Schneider, Hermann 208
Schneider, Rudolf 208
Schöller, Karl 100
Schöller, Theo 100
Schröder, Wilhelm 32
Schweizer, Friedrich 22
Schweizer, Louis 22
Schwerdt, Hermann 142
Seifert, Prof. Richard 126
Sennheiser, Prof. Dr. Ing. Fritz 90
Seyferth, Karl Rolf 62
Siemens, Werner von 20
Soehnle, Wilhelm 60 f.
Soldan, Dr. Carl 64
Sommer, Karin 72

Steiff, Franz 184
Steiff, Fritz 184
Steiff, Margarete 184
Steiff, Richard 184
Steinbeis, Hermann 140
Steinbeis, Ruprecht 141
Stihl, Andreas 118 f.
Stradivarius, Antonio 46
Straub, Daniel 22
Strauß, Richard 47
Stumpf, Egon 141
Sturm, Albert 202

Tesmer, Elsa 78
Theophrastos aus Eresos 110
Troplowitz, Dr. Oskar 30, 78
Tumor, Henri 20

Underberg, Emil 106
Underberg, Hubert 106 f.
Unna, Paul Gerson 136

Viefhues, Inge 56
Volta, Alessandro 20
Voss, Johannes 50

Wagner, Günther 188 f.
Wagner, Richard 46
Walter, Fritz 168
Watt, James 32
Weck, Johann 40
Wedekind, Frank 178
Werner, Christoph 156
Werner, Georg 156
Westermann, Georg 204

Namensregister

Wilhelm IV., Herzog 24

Zapp, Walter 84
Zeppelin, Ferdinand Graf von 16

Fotonachweis

Mit Ausnahme der Fotos auf den Seiten 21, 25, 39, 47, 49, 85, 103, 113, 115, 117, 145, 147, 171, 195, 197 und 199 (die uns freundlicherweise die beteiligten Firmen zur Verfügung stellten) wurden alle Aufnahmen von Manfred Rave in Köln gemacht.